十大华人科学家丛书

孟宪明　主编

竺可桢传

张清平　编著

河南文艺出版社

·郑州·

目　录

一

　　一个小名叫阿熊的孩子，从钱塘江畔的绍兴开始了他的人生。他在这里启蒙，从这里出发。他走到了上海，走出了国门。当他再回到这里时，已是美国哈佛大学的博士。

二

　　年轻的竺可桢决心以教育救国，从武昌到南京，10年高校教坛耕耘，培养勘破大自然奥秘的气象专门人才。他领导的气象研究所成立后,经过又一个10年,中国现代气象事业掀开了新的一页。

三

在气象事业蓬勃发展之际,竺可桢受命于危难之时,出任了浙江大学校长。这是他人生的一次重大转折。八年抗战,浙大在滚滚烽烟中颠沛流离,四次迁移。战乱中,他失去了妻子和儿子。为了浙大的生存和发展,竺可桢做出了坚苦卓绝的努力。从此,他的名字就和浙江大学紧紧地联系在了一起。

四

竺可桢原本是个不过问政治的科学家和教育家,他认为科学可以救国,大学教育应超脱于党派斗争之外。可日益严酷的现实使他逐渐清醒,科学家的理性和良知呼唤他站到了民主斗争的前沿。

五

随着中华人民共和国的成立,竺可桢的人生历史掀开了新的一页。他出任中国科学院副院长,挑起了领导全国科学事业的重任;组织全国自然资源综合考察工作,踏遍青山人未老;加入中国共产党;写出重要的学术著作;受到毛泽东主席的邀请。这是竺可桢一生中最光彩的时期。

六

"文化大革命"开始了。这是中国现代史上的一场浩劫。在这场劫难中,竺可桢也受到了冲击。他顶住巨大的压力,一如既往地为中国科技事业的发展而尽心竭力。他完成了重要的科研项目——《中国近五千年来气候变迁的初步研究》。他对自己的专著《物候学》进行了增订……但是,政治运动的冲击阻碍了他的工作,摧残着他的学术生命和身体健康。

他把一生献给了科学事业,在动乱中离开了这个世界。

一

一个小名叫阿熊的孩子,从钱塘江畔的绍兴开始了他的人生。他在这里启蒙,从这里出发。他走到了上海,走出了国门。当他再回到这里时,已是美国哈佛大学的博士。

1. 童年时代

绍兴东关镇(今属浙江省上虞市)永茂米行的老板竺嘉祥又喜得一子。在这个孩子出生之前,他已有了两个儿子、三个女儿。人到中年的竺嘉祥抱着这个小儿子,心中满溢着喜悦和疼爱之情。他盼望着儿子顺顺利利、结结实实地长大成人,就给儿子起名为可桢,小名唤作"阿熊"。这是 1890 年,清光绪十六年的三月初七。

竺家世代务农,到了竺嘉祥这一代,靠很少的土地已很难维生。竺嘉祥十六七岁就离开了距东关镇五公里的保驾山,到东关镇来独自谋生。他在镇上开设了一个小小的米摊。每逢阴历单日，农民纷纷上市赶集，有卖米的就把米放在他的摊位上。竺嘉祥帮卖主升计斗量，以此得到几个铜板。集市散了，他把抛撒在地上的粮食打扫收拾起来，淘洗干净，用来熬粥做饭。

几年下来，竺嘉祥稍有盈余，就在镇西的米市街开了一家米行，取名"永茂米行"。过了些日子，他又和另一家合伙开了制造和出售蜡烛的烛行，取名"源泰烛淘"。

竺嘉祥的妻子顾氏，虔诚信奉佛教。她待人宽厚，勤劳节俭。丈夫终日在外操劳，家中大小事全靠她一人操持。

竺嘉祥认字不多，也就是会记个流水账而已。他希望自己的儿子能念书上进，将来有个好前程。长子竺可材比竺可桢大14岁，在一次乡试中考中了秀才，后来在东关镇的学堂教书。二儿子竺可谦开蒙后，几经周折，后来在上海的一家店铺做账房。小儿子竺可桢自幼秉性温和，聪颖文静，从两三岁时，就开始识字。

阴历逢双的日子，东关镇上没有集市，店铺里十分冷清，竺嘉祥常带着小儿子可桢在街上走走。竺嘉祥一边走，一边指着沿街店铺招牌上的字教他认读。这样，走来走去，一条街上的字竺可桢就全记住了。

"这是什么字？"竺嘉祥指着一家布店问。

"恒升布庄。"竺可桢仰着小脑袋。

"对，这念恒升布庄。"竺嘉祥十分欢喜。

看到小儿子十分聪明，他就让年仅三岁的可桢跟着大儿子可材学习读书写字。几年过去，竺可桢熟读了"四书""五经"。

"戊戌变法"后，清政府开始改变旧学制。1899年，东关镇受维新思想影响的士绅，在镇上办起了第一座新式学堂，竺可桢进入这所学堂学习。新的科学启蒙知识使他大开眼界，他开始思考身边的事物和问题。

在"永茂米行"，他接触到当时社会上形形色色的人。那些贫苦农民给竺可桢留下了很深的印象。他们一年到头辛辛苦苦，可最后却所剩无几。若遇到风调雨顺的年头，他们的脸上还有点儿笑容；可一遇到旱荒涝灾，他们就十分愁苦。竺可桢常听到父亲和他们的对话：

"今年收成不好，日子还能过吧？"

"唉！怎么过啊？人种天收哇！"

有一天，竺可桢和小伙伴们在河边玩耍，看到一个老人在河边哭着徘徊。原来，这位老人借镇上一个大户家一斗米，到期了无力偿还。家中老小已经断炊，大户却逼着还债。老人求告无门，想一死了之。竺可桢跑回家把这件事告诉了母亲，母亲顾氏马上量出一斗米，然后又另外装上些衣物，叫人给老人送去。这件事给竺可桢留下了很深的印象。

童年时的竺可桢，最喜欢每年的清明、阴历七月十五和腊月二十三,每当这些日子到来,按绍兴一带的风俗,竺家老小都要回到老家保驾山去祭祖。

在老家,竺可桢有 16 个叔伯兄弟,他喜欢和哥哥们一起下河捉鱼摸虾,上山采摘野果。野外的一切都那么新鲜、有趣。可为什么同一个地方每次看到的景物却不相同呢? 那些叽叽喳喳的鸟儿上次来还叫得正欢,这次来却见不到了。树上的花朵为什么有的这个时候开,有的那个时候开? 他问一起玩耍的哥哥们,他们说,这没什么稀奇,从来就是这样的。他又问大哥可材,大哥告诉他,这是因为节气的缘故。一年有二十四节气,种庄稼要按照节气,燕子的去来、花开花落也都是有节气的。

冬去春来,燕子衔泥,布谷催耕,观察大自然的无穷变化使竺可桢感到了无穷的乐趣,他懂得了自然万物都有自己的规律。他把自家房檐下燕子到来的日子、离去的时间,桃花开放的时间,都设法一一记了下来,留到第二年对证。那时的竺可桢不会想到,这种由少年的好奇而引发的兴趣,竟会保持一生。

竺可桢读书的学堂,按"中学为体,西学为用"的原则设置了新的课程。所谓的"西学",就是自然常识课,这些课所占比重虽然很小,却给少年竺可桢打开了一扇窗口。从这扇窗口,他隐隐望见了许多新奇的景色,他渴望了解窗外那广阔的世界,渴望汲取更多的新知识。

就在这期间,英、俄、德、法、美、奥、意、日八国联军打进了北京,烧杀抢掠,无恶不作。腐败无能的清政府不得不和各国签订了丧权辱国的《辛丑条约》,赔款白银高达四亿五千万两。

消息传到东关镇,人们受到强烈的震动,竺可桢幼小的心中也悲愤难抑。课堂上,老师出了"苦"和"甜"两个字让学生用白话文造句,竺可桢严肃地答道:"丧权辱国最苦,国家富强最甜。"他的回答得到了老师的赞许。

13岁那一年,镇里的几个年轻人要乘船到外地去参加科举考试。一天在学堂里,人们议论道,外出考试的学生马上就要出发了。竺可桢听到这个消息,急急忙忙赶回家里。他进门以后,二话不说,一头扎进自己的住房,把自己的起居用具、学习用品收拾在一起,打成一个小包袱。家里人奇怪地问他:"你这是做什么?"

"我要去赶考!"竺可桢头也不抬地说。

亲人们哈哈大笑起来。

"你们笑什么?"

"哪有你这么小就去赶考的呀?"

"是考学问的大小,又不是考年龄的大小,我一定要去。"

家里人看出,他不是要小孩子脾气,不是闹着玩儿,这才慌了起来。劝说的劝说,阻拦的阻拦,正在这时候,听到门外有人高喊:

"赶考的,要开船啰!"

竺可桢一听，像离弦的箭一般挣脱家人，向码头跑去。当他上气不接下气地赶到岸边的时候，船早已离开了码头。

竺可桢哭了，他对追赶上来的家人叫道：

"我要到大地方去上学！我要到大地方去读书！"

2. 到大地方去读书

竺可桢小学毕业后，老师认定了这个学生可堪造就，极力主张送他到大城市去求学。竺嘉祥何尝不愿意让儿子继续读书，可家境一年不如一年，作为一家之主，他拿什么供儿子上学呢？一家 8 口人，要承担摊派到他家里的庚子赔款 8 两白银。市面上，米行的生意十分萧条，烛行也因洋蜡的倾销而几近倒闭。这几年家中不多的积蓄因儿女的婚嫁已所剩无几。

这时候，竺可桢的老师章镜尘先生解囊相助，竺嘉祥又找到几个朋友筹借了一笔钱，这才送小儿子出了门。

竺可桢带着父亲和老师的期望，带着母亲的牵念来到上海，考进了澄衷学堂。

这时期，正是中国社会酝酿大变动的前夜。

早在 1898 年（光绪二十四年），年轻的光绪皇帝痛感内忧外患、民不聊生，图谋变法维新、富国强民。可是，以慈禧太后为代表的封建顽固势力，抗拒一切新思想、新主张。光绪皇帝被囚禁,维新派人士被杀的被杀,外逃的外逃,变法失败了。

尽管变法失败,但是中国人民要求推翻封建制度的斗争仍然没有停止。以孙中山为代表的具有民主主义思想的先进知识分子,历尽磨难,向西方寻求救国救民的真理,提出了推翻帝制、建立民国的主张。

竺可桢在上海,经常看一些宣传新思想的书报杂志,逐渐确立了民主主义思想。

他认为,中国有几千年的文明史,有优良的文化传统,近几十年之所以被外国列强欺侮,主要是科学技术不如人。竺可桢暗暗下定决心,把救国的希望寄托在科学技术的发展上;国运日衰、家道中落,只有好好珍惜来之不易的学习机会,勤奋努力,才能有真才实学,将来为国家的富强做贡献,不辜负父兄师长的殷切期望。

竺可桢学习十分刻苦用功。他废寝忘食,经常熬夜。他小时患过肺病,身体本来就不强壮,加之营养又跟不上,更显得十分瘦弱。一次,他在散步时听到了同学们对他的议论。一个高个儿同学把手比在自己的胸前,嘲笑竺可桢身材矮小;另一个来自安徽的同学说道:"此君的身体,一定活不到20岁……"

16岁的竺可桢听到这话,心里十分难受。他想到西方有句谚语,"健全的思想寓于健全的身体"。倘若身体不好,想求得学问以救国救民也只是空想。他又想到外国人讥笑中国人是

"东亚病夫",自己这个样子,不正像个病夫吗?争强好胜的竺可桢,决心加强体育锻炼,来增强自己的体质。

竺可桢是个十分有毅力的人,从此,他开始每天坚持做早操,还经常跑步、登山、打篮球、游泳……过了一段时间,他的身体状况有了改善,学习成绩也始终名列前茅。

由于他品行端正,成绩优异,待人谦和,办事认真,再加上吃苦耐劳、意志顽强,他被同学们选为班长,在同学中威信很高。

澄衷学堂的校长,处事独断专行。他把自己的亲朋安排到学校任教,而其中有些人根本没有教学能力。那是临毕业的最后一学年,学生们对图画课教师的不称职十分不满,要求撤换。他们推选竺可桢为代表,去同校长谈判。

竺可桢来到校长办公室,郑重其事地说:

"全校同学推我做代表,来向校长提一个郑重的请求。学校所聘请的教师,有的没有教学能力。即如图画教师而论,根本不能作画,又怎能教人作画?所以我们要求校长,立即辞退这个图画教师,另请称职的人来任课。"

校长听了,怒不可遏地呵斥道:

"你们目无法纪,不尊师重道,竟然要驱逐师长,殊违孔孟之道。作为学生,你竟然带头闹事,成何体统,实为校规所不容。不绳以纪律,何以维护师道尊严!"

竺可桢认为他们的要求是合理的,又有广大同学的支持,便也理直气壮地回答：

"我们的要求至为合理。如果校长不撤换这个图画教师，我们就不上他的课。"

校长冷笑一声说：

"那好吧，就看你们怎么闹！"

学生们坚持不上这个老师的图画课，学校就停了学生们的所有课程。这样僵持了一段，学校贴出了校长签署的布告。布告中宣布：竺可桢带头闹事，开除出校。竺可桢所在的那个班的学生，勒令停学一年。

苦读三年，眼看就要毕业的学生，被迫纷纷离校。年轻的竺可桢，遭到了人生的第一个打击。他痛楚地感受到了社会的冷酷无情，权力的不公正。莘莘学子，执着而单纯，向校方提出自己的合理要求，何罪之有？竟至于被迫离校，申诉无门，走投无路。这一打击在竺可桢心中留下了深深的烙印。这一事件虽然他从不轻易向人提起，但却影响了他的一生。30年后，在他长达10年的执掌浙大的经历中，他从不轻易处罚、处理任何一个学生，总是设身处地地为学生着想，替学生说话，帮助和爱护那些年轻人，理解和同情那些年轻人的冲动和热情。因为他从没有忘记在澄衷学堂的那些日子。

离开澄衷学堂，竺可桢考入了复旦公学。冬天，他接到母亲病重的家信。匆匆赶回家中，母亲却永远看不到她日思夜想的小儿子了。悲痛欲绝的竺可桢哭哑了喉咙。

丧事完毕,竺可桢经余姚乘乌篷船回上海。灰蒙蒙的天空、灰蒙蒙的江面让人感到压抑。国家的前途令人担忧,丧母的悲痛压在心头,18岁的竺可桢真正感到了人生沉甸甸的分量。

当竺可桢所乘的船靠近趸船,他正欲下船时,心事重重的他一不留神掉进了江中,江水一下子就淹没了他。侥幸的是,他手上拿的伞迎水张开,他紧紧地抓住了伞柄,旁边的一位工人提着伞将他救起。

这是位锡箔厂的工人师傅,他看到竺可桢年轻单薄,就把他带到工厂里帮他把衣服烘干,并留他住了一宿。第二天一早,他陪着竺可桢来到码头,看着竺可桢乘上了去上海的轮船,才放心地离去。

复旦公学管理不严,教学质量也差。竺可桢1909年远走北方,考入了唐山路矿学堂,学习土木工程专业。

唐山路矿学堂是一所新式学校,教学管理十分严格,数学、物理、化学和所有土木工程专业课的教师,都是英国人。他们用英语教学,用英语提问:

"Number two hundred and twenty seven!"(227号)

竺可桢知道,这是在叫他起来回答问题。每当这时,他都有一种屈辱的感觉,仿佛自己是被点名的囚犯。但他把这些不快压在心底,刻苦地学习。一年半中的五次考试,他每次都是全班第一，是学堂里最优秀的学生。连那些傲慢的英国老师，对他也刮目相看。

3. 留学美国

"庚子赔款"中，美国从中分得了约7%的份额。在获得这笔不义之财的第六年，美国政府提出，将这笔款项的大部分，作为从1909—1940年分批接收中国留学生的费用。这就是庚子赔款公费留学生的由来。

由此，许多有志于学的年轻人得到了走出国门、学习西方现代科学技术文化的机会。

这些年来，竺可桢家里的境况日益艰窘。竺家的米行入不敷出，竺家的房屋产权也已抵押给他人。家里竭尽全力也无法供竺可桢继续求学深造了。"庚款留学"使竺可桢看到了一条出路，他参加了报考。

1910年，第二届庚款留美考试后，全国共录取70名考生。竺可桢以第28名的成绩被录取。同届录取的还有后来成为中国现代文化名人的胡适、赵元任等人。

那是个丹桂飘香的季节，竺可桢与其他几十个满怀憧憬的留学生远渡重洋，到达了美国。

在选择所学专业时，竺可桢想到，中国以农立国，万事以农为本,他不能忘记故乡宁绍平原辽阔的田野,他不能忘记躬耕垄亩和在父亲的米行里出出进进的农民,他想弄清那滚滚而来冲击着中国市场的洋米、洋面、洋布是怎样生产出来的。于是,他选择了到美国中部的伊利诺伊大学农学院学习。

伊利诺伊州号称美国的粮仓,黑色的土地肥沃得冒油。这里气候温暖,雨水十分丰沛,大豆产量在美国数一数二,玉米的产量更是居美国之首。伊利诺伊农学院设在这里,真是得天时地利之便。

到美国后的第一个暑假,竺可桢与三个中国同学一道,前往美国南方路易斯安那州和得克萨斯州旅行,考察那里的水稻和甘蔗的种植情况。

到美国的第二年,竺可桢又利用假期,到美国中部的农场去做帮工,一方面挣些钱补贴花销,一方面了解美国农业各方面的情况。

通过在学校的学习和实际考察,竺可桢感到,中国的农业状况与美国的农业体制及耕作方式有太大的距离。美国农业所生产的玉米、棉花、甘蔗、水稻等农作物,都产自各专业农场;美国的农业是高度产品化、自动化的,而中国农业还停留在自给自足的小农经济阶段,他所学的东西远离中国农业的现实。

1913年夏天,竺可桢从伊利诺伊大学毕业了。在选择继续深造的专攻方向时,他选择了与农业密切相关的气象学,考入了哈佛大学地学系研读气象专业。

哈佛大学始建于 1636 年,是美国建校历史最长、办学声誉最好的大学,也是世界上最著名的学府之一。

20 世纪初,气象学还是一门新兴的学科,在美国也只有哈佛大学研究院开设气象专业。研究院里的学生本来就不多,学气象的更是寥寥。但这里学风谨严,学术研究气氛浓郁,教师认真负责,竺可桢在这里如鱼得水,一下就钻了进去,和大家相处得也十分融洽。

哈佛大学作为美国的名牌大学,要求每个入校的学生都要牢记哈佛的校训:Reality(真实)。竺可桢认为,这个校训同中国传统文化中的求是精神是一致的。他非常赞赏这个校训。他认为,只有老老实实,才能求得真学问。任何虚假的作风,都是同科学无缘的。

沃德教授、麦坎迪教授都是美国著名的气象学家。竺可桢在他们的指导下,于 1915 年获得硕士学位。这之后,他又申请延长三年学习时间,继续深造。

中国这时候已经是辛亥革命之后的民国了,但从国内传来的却是军阀混战、民不聊生的消息。这一切更坚定了竺可桢科学救国的信念。他认为国内政治混浊,前途渺茫,只有先进的科学技术,才能使中国朝着现代社会发展。

他始终记得开学时导师的话:"气象学过去是、将来也一定是一门有益于人类的科学,它的价值将越来越被人们所认识。"在导师的引导下,竺可桢在哈佛的学习一开始就瞄准了气象科学的最前沿研究,他除了攻读气象、气候、地质、地理学等十多门课程外,还选修了自然科学史。讲授科学史的沙顿教授特别喜欢这个瘦小而勤奋的中国年轻人。哈佛的课程,灌输式的讲授极少,启发式的讨论课和让学生亲自动手实习的课程却相当多。竺可桢在这里扎扎实实地汲取着知识,一步一步向着科学圣殿登攀。

1915年,在美国康乃尔大学学习的任鸿隽、杨杏佛、赵元任、胡明复等留学生,发起成立了"中国科学社"。这是中国最早的科学社团组织,对我国早期科学事业的发展产生过重要影响。1916年,"中国科学社"的主要发起人都转到了哈佛大学学习。竺可桢在杨杏佛的介绍下,参加了"中国科学社"的活动,担任《科学》月刊的编辑工作。

他开始在美国的气象、地理杂志及《科学》月刊上发表学术论文。他把研究目标首先确立在中国的气候研究上。他利用一切课余时间,钻图书馆,查阅资料。

气象研究和其他科学研究一样,是建立在长时期的、大量的气象观测数据资料上的。这些观测数据,有的靠科学工作者通过自己的观测取得,有的要靠前人或其他人的观测记录取得。当竺可桢决定要研究中国的雨量和风暴问题时,却面临着一个几乎令他难以置信的现实问题——中国的气象观测记录奇缺。

中国有几千公里漫长的海岸线,每年我国沿海地区都要遭受几十次风暴袭击。为了保证沿海的船舶安全航行,气象预报是必不可少的。可当时中国沿海的风暴预报,只能依赖建立在上海法国租界的徐家汇气象台提供。

雨量的记录同样如此。据史料记载:中国是世界上测量雨量最早的国家之一。早在15世纪,我国古代气象工作者发明的测雨器就传到了朝鲜。可是,到了20世纪初,中国在这方面不仅失去了领先地位,反而要依赖外国设在中国的气象台来提供中国的雨量情况。这一历史的大倒退不能不令年轻的竺可桢感慨万端。

哈佛的图书馆以藏书丰富著称,可竺可桢在这里查遍了有关的书目,结果只找到一本记载中国雨量的书,这就是外国设在上海徐家汇的气象台总观察员所写的《中国十一年来之雨量》。这本书所提供的,只是中国沿海地区几年的雨量记录。由此,竺可桢清楚地看到,中国现代的气象事业犹如一块荒芜的田园。竺可桢更清醒地认识到,自己选择了学习气象,犹如选择了一份沉甸甸的、义不容辞的责任。

在哈佛攻读期间,竺可桢陆续发表了《中国之雨量及风暴说》《台风中心之若干新事实》等多篇论文。在这些论文中,他开始运用现代气象学理论,来研究中国气象的实际问题。他提出的一些观点和论据,在当时就引起了气象学界的重视。直到今天,他的研究成果还具有指导价值。

1917年,竺可桢被接纳为美国地理学会会员,同年获爱默生奖学金。

在美国学习期间,竺可桢养成了每天记日记的习惯。他的日记,每天都要记录当天的温度、风向、阴晴等气象情况和有关气象研究的各种资料。他买了一个白铜套子的钢笔式的温度计,带在身边随时取用。从这时起,写日记的习惯伴随了竺可桢的一生。

美国的冬天,风雪交加,阴冷晦暗。埋头于图书馆的竺可桢收到了家中的来信。远离故土亲人的海外游子,每次收到家信都像过节一样喜悦,可这封信却使竺可桢悲痛万分。他的父亲竺嘉祥在故乡绍兴东关镇去世了。

在竺可桢远离家乡的这些年里,他的二哥、大哥先后去世,如今父亲也永无再见之日。竺可桢来到一处无人的地方,面向东方,默默垂泪。他从自己的生活费中省出钱来,邮寄回家,以补贴家中丧葬的费用。同时,他更加发愤努力钻研,以告慰对他寄以殷殷期待的死去的父兄。

1918年,竺可桢的论文《远东台风的新分类》通过答辩。竺可桢获哈佛大学博士学位。

时值秋天,哈佛校园里的枫树红黄交织,像一幅五彩斑斓的印象派油画。竺可桢踩着落叶漫步在校园里，一只小松鼠捧着松塔在草坪上蹦来蹦去，两只亮晶晶的小眼睛一点儿也不畏怯地望着竺可桢。竺可桢默默地向这一切告别。别了，这幽静美丽的校园；别了，这卷帙浩繁、包罗万象的图书馆；别了，这设备一流、技术领先的实验室；别了，博学而仁慈的导师们。尽管眼前的一切令人难以忘怀，但无法替代他对祖国的强烈思念。他要回国了，他听见了那来自故园、来自心底的一声声呼唤。

二

年轻的竺可桢决心以教育救国,从武昌到南京,10年高校教坛耕耘,培养勘破大自然奥秘的气象专门人才。他领导的气象研究所成立后,经过又一个10年,中国现代气象事业掀开了新的一页。

1. 执教 10 年

竺可桢留学8年归来,看到的是满目疮痍的故国山河。尽管历史已经进入了20世纪初叶,世界各国都发生了巨大的变化,可中国仍迈着迟滞的脚步,科学技术更是远远落在西方列强的后面。

在故乡绍兴,竺可桢看到老百姓衣不蔽体,食不果腹,各种庙宇却随处可见,香烟缭绕。他还从当时的报纸上看到这样荒唐可笑的事情:那一年,湖南省久旱无雨,到了7月份,旱情更加严重。省政府的要员亲自出面,让人把两个泥菩萨从城外抬进省城长沙市,供在玉泉山。可是,天气仍然毫无下雨的迹象。于是,他们又想出新的方法,从药店里弄来老虎的骨头,用绳子拴着,投进城外的深潭,据说这样可以使深居潭水中的龙王与猛虎相斗,龙虎斗的结果会导致兴云布雨。这一招当然不见效。结果,省政府办公的大院里,又搭起了大戏台,日夜不停地吹吹打打,以祈求老天爷降福赐雨。

这一切强烈地撞击着竺可桢的心灵,在科学之光照耀不到的地方,只能是愚昧和黑暗占统治地位。

当时,向竺可桢发出聘书的有上海海关、武昌高等师范学校、南京高等师范学校。其中,海关的薪俸最高。但是,中国海关从清朝即为外国列强所把持,严重损害着中国主权。他们在沿海设置了气象网,窃取中国气象情报。竺可桢日思夜想的是夺回气象主权,怎么能为了高薪去海关效力?他想,只有为国家多培养人才,才可以挽救国家。他决定去高校任教。

回到阔别 8 年的故里,竺可桢拜望了亲友、师长,祭悼了父母的亡灵。家里的许多事情需要他一一承担:父母的坟址低洼潮湿,等待他尽快迁移;亡兄的遗孤待抚,寡嫂居无定所……国事、家事、天下事,事事关情!竺可桢没有一味地感伤叹息,安排好家事,他怀着"科学救国"的理想,走上了高校讲台。

1919 年,竺可桢应武昌高等师范学校(今武汉大学前身)的聘请,到该校教授地理学和气象学。

1920年,竺可桢又受聘到南京高等师范学校(今南京大学前身)执教。

1921年,南京高等师范学校扩建,改校名为东南大学。在竺可桢的倡议下,东南大学成立了地学系,并由竺可桢出任系主任。这是我国大学中设立的第一个地学系。地学系下设地理、气象、地质、矿物四个专业,其中的气象专业也是我国大学的第一个气象专业。中国从此开始了自己培养气象专门人才的历史。我国有建树的老一辈气象学家中,许多人都是竺可桢这时期的学生。

竺可桢讲授的课程有:地学通论、气象学、世界地理。

《气象学》是竺可桢自己编写的教材。他由浅入深地引导学生们认识空气的由来;认识不同高度的空气成分,认识温度、气压,云雾霜雪,雷雨、冰雹,风、风暴与台风……安静的课堂上,竺可桢引经据典,深入浅出,把复杂的气象学知识"润物细无声"地传授给学生。学生们跟随着他,在神奇的气象空间出入,探悉风云变幻的无穷奥秘。

地理学、气象学都属于应用型的学科。竺可桢在教学中非常重视学生实践能力的培养,野外实习是地学系各科必修的课程。

那是个星汉灿烂的夏夜,东南大学的操场上围坐着许多地学系年轻的学生。这是竺可桢召开的露天学术研讨会。他指点着美丽迷人的苍穹中的星座,从二十八星宿谈起,一直讲到航海、测量及农业生产。演讲中,有学生不时地提问。许多在校园漫步乘凉的外系学生也被吸引了过来,这场别开生面的学术研讨一直持续到深夜,大家才余兴未尽地散去。

竺可桢还在校园里设立了气象测候所,以训练、培养学生的实际工作能力。

东南大学校园东侧,有一个僻静的院落,叫梅庵。梅庵内环境幽雅,松青草绿,特别是春天,迎春花开得金灿灿的一片。地学系气象专业的气象测候所就坐落在这里。

测候所购置了比较齐全的仪器设备,并聘请了专人规范管理。竺可桢在这里指导学生进行观测训练,每周对观测结果进行分析。他亲自撰写气候报告,定期与国内外其他气象台相互交换。

当时东南大学气象仪器设备的完好性,观测记录的可靠性,在全国首屈一指。

竺可桢不仅看重学生的考试成绩,更重视学生的实际工作能力和科研能力。他任教的一些课程,不采取记分制考试,而是让学生通过运用所学习的理论知识,结合气象观测实际,写作一些专题报告。他十分鼓励并热情帮助学生进行科研和翻译。

教学之余,竺可桢埋头科研和著述。在高校执教期间,他在国内外科学刊物上先后发表论文 60 多篇。特别是他利用古代典籍中的物候记载研究中国历史上气候的变迁,这是竺可桢科研工作的一个创举。他的《中国对气象学的若干新贡献》《南宋时代我国气候之揣测》《中国历史上的旱灾》等著述,形成了他在这个领域专题研究的一次高潮。

《南宋时代我国气候之揣测》的研究思路,萌发于1923年。当时竺可桢读到一位欧洲气象学专家的一篇文章,那位专家的研究结果表明,欧洲大陆在12世纪初到14世纪初的200年间,天气比其他各世纪要冷。竺可桢想到:中国的面积和整个欧洲差不多大,气候状况也相当复杂。这位欧洲气象学家的研究结果是否能说明中国的气候问题呢? 由此,他开始了自己的科学研究。

他首先分析,12世纪初到14世纪初正是中国的北宋末期到元中时期。怎样才能知道那长达200年间的气候呢? 竺可桢翻开了二十四史。

二十四史这部卷帙浩繁的史书,囊括了从黄帝到明代各个时代的政治、军事、经济、文化等各方面的史料,其中也包括对天气冷暖的记载。可是,当时并没有温度计等观测仪器和相应的数据。

竺可桢反复查找,找到了不同时期统一的气候冷暖依据:降雪。降雪是天气寒冷的标志。天冷得早,降雪就早。天冷的时间长,最后一次降雪的时间就晚。这样,从降雪次数的多少和降雪时间的早晚,就可推断那个时期的天气冷暖。

要从二十四史中搜集到所需要的资料,不仅需要精深的气象学专业知识,而且要精通中国的古代典籍。竺可桢从幼年时打下的深厚的文史基础,这时有了用武之地。

竺可桢把二十四史中各朝代关于降雪的记录都一一查阅并抄记下来。他发现,各朝代中宋朝降雪记载较多,而其中又以南宋为最多。从1131年到1264年的133年间,南宋国都临安(今杭州)春天降雪有41次之多。

接着,竺可桢对古代和现代的气候材料进行了汇集研究。这些材料证明:南宋比唐朝、明朝和现代都要冷。据此,他写出了论文。

竺可桢的研究结果使人们眼界大开,不仅使人们回望过去,还提醒人们预测未来。他使人们想到,在人类社会呈螺旋形发展的时候,自然界的气候也有某些阶段性的循环往复。当我们今天惊呼全球气候变暖,温室效应导致冰河融化、海平面上升的时候,也许一个新的寒冷的气候时代正在悄悄地到来。正如这些年参加南极科学考察的科学家所称,南极存在的大量树木化石显示,200万年前的南极曾经温暖而潮湿,树木生长茂盛,花草竞相开放。竺可桢在20世纪初,通过研究证明,地球上的气候是呈波浪形起伏不定的。

1927年,竺可桢的《论以岁差定〈尚书·尧典〉四仲中星之年代》，发表在《科学》《史学与地学》两个刊物上。这是竺可桢在天文学史方面的重要著述，它开辟了用现代科学方法整理古代天文史料的道路。他的研究在历史学界产生了巨大的影响。

20世纪20年代，我国史学界出现了对古代史料重新估价的疑古派。作为儒家最早经典的《尚书》（又名《书经》或《书》）首先受到了怀疑，疑古派认为《书经》系后人的伪作。但另一派人认为，不能轻易地怀疑一切古籍。当两派争执不下时，竺可桢异军突起，他从《尚书·尧典》所记载的"日中星鸟，以殷仲春""日永星火，以正仲夏""宵中星虚，以殷仲秋""日短星昴，以正仲冬"入手分析研究，认为这是古人在春分、夏至、秋分和冬至四个节气这一天观测天上恒星的记录。

他对此进行了周密的推论：先考虑观测时间地点（主要是纬度），再研究"鸟、火、虚、昴"属于当今的哪些星座，然后从1927年的《天文年历》中查出这些星座的赤、经数据，再将这些数据与从理论上求出四个节气时南中星的赤经数据相减，将所得到的差数用岁差常数（50.2秒/年）来除，就得出了这是1927年以前多少年所观测的星象。为了检验自己方法的正确性，他先用这个方法对确实可靠的《汉书》中的记载星相进行了试算，发现十分相符。再把它应用到《尧典》上，所得结果是：《尚书·尧典》中所记的四仲中星，除了"日短星昴"外，其他三个都是殷末周初即3000多年以前的天象。

历史学家徐炳昶读了这篇文章，无比佩服。他说："读到竺可桢先生所著之文，欢喜赞叹，感未曾有！余以为，必须如此才能配得上说以科学的方法整理国故！这样一篇严谨的文字印出，很多浮烟涨墨的考古著作全可以抹去了！"

事情过去50多年后，科学家赵庄愚先生根据《尚书·尧典》中的上下文及参考其他古代典籍判断，认为四仲中星不是在一个地点观测的，而是在"旸谷"（今山东北部）、"明都"（今湖南长沙南部）、"昧谷"（今甘肃境内）、"幽都"（今北京一带）这4个地方观测的。这样确定了观测地点之后，再采用竺可桢的方法计算，结果证明，"日短星昴"也不例外。四仲中星属于一个系统，属于距今4000年以前的天象，也就是夏朝初年的天象。

从武昌到南京，竺可桢执教高校不觉已有10载。桃李不言，下自成蹊。东南大学新型的地学系因培养出了我国最早的一批地理学、气象学、地质学方面的专家而声名大振。30多岁的竺可桢著述颇丰，事业有成，令国内外学界瞩目。

这10年，也是竺可桢生活相对安定的10年。他于1920年与出生于书香之家的神州女学教师张侠魂结婚后，已有了长子竺津（希文）、长女竺梅和次子竺衡。

2. 走马上任北极阁

中国现代的气象观测,始于1911年。当时的政府在北京东城钦天监设立了中央观象台,隶属于教育部。1913年观象台增设了气象科,由刚从比利时留学回国的蒋丙然负责。气象科管辖张北、库伦、开封、西安等处的气象测候所。另外,农业、水利、航空等部门,也设立了一些气象测候所。20世纪20年代初,由于军阀混战,这些测候所因经费短缺而陷于停顿状态。

当时在我国国土上,还有法国神父经办的上海徐家汇观象台,德国人在青岛设立的气象台,这一切给我国近代的气象事业打上了殖民地、半殖民地的色彩。竺可桢对这种状况十分愤慨焦虑。早在1916年留学美国期间,他就撰写了《中国之雨量及风暴说》,他在文章中谈到,国内洪水肆虐,造成灾难与饥馑,因为不能预测各地雨量的多少,所以难以防备。由此可知设立气象台的重要性。

1921年,竺可桢在《论我国应多设气象台》一文中说:"昔人有言,人定胜天。今日世界各国文化之优劣,可以其国人控制天然环境程度定之。因田野山林之满被丛林荆棘也,故持斧柯以戡平之。因江河湖海之足以阻绝交通也,故筑桥梁以联络,造轮船而航渡也。因风云之变更不常也,故设气象台以窥测之。"他列举了外国人在中国建气象台的实例，叹息道："夫制气象图，乃一国政府之事，而劳外国教会之代谋亦大可耻也。"

竺可桢在笔记本上记下了这样的话：

美国的领土面积略小于中国，气象台站却有 200 座之多。

日本的国土面积只有中国的几十分之一，气象台站却有 56 座。而且，日本还对中国的沈阳、长春、天津、南京、杭州等地的气候状况进行观测，并且把测得的这些地方的气候状况和日本的神户、大阪的气候排列在一起。

1922 年，中华教育改进社在济南开会，当时的中央观象台曾提出建议：拟请各省在省属各县选择一所中学或小学，负责记录当地的雨量情况。为了保证这项工作的开展，各地政府只需向每所学校多拨 5 元钱的仪器费。可是，由于这 5 元钱的经费无法落实，这个建议也就如石沉大海。

1927 年北伐革命胜利，国民政府建都南京，设立了国家最高学术机关——中央研究院。蔡元培先生任中央研究院院长，杨铨（即杨杏佛）先生任秘书长。中央研究院下设观象台筹备委员会，1928 年筹备委员会分为天文研究所和气象研究所，竺可桢被任命为气象研究所主任。

竺可桢离开了熟悉的校园和学生，面对中国气象事业一穷二白的局面，他心中涌动着开创中国气象事业新局面的激情，涌动着夙愿得以实现的兴奋和喜悦。

当时的中国，没有统一管理气象工作的机构。气象研究所建立后，责无旁贷地肩负起了双重任务：它既是全国气象学术研究机构，同时又是全国气象事业的领导机构。竺可桢出任气象研究所主任后，要做的事千头万绪，在筹建北极阁气象研究所的过程中，充分显示出他杰出的领导才能和实事求是的科学精神。

作为一个全国性的机构，首先要有一个稳定、长久的所址。竺可桢走遍了南京的每一个地方，最后确定所址于北极阁。

为了在北极阁建立气象研究所和气象观测站，竺可桢整整奔走了一年。

北极阁是南京钦天山的通俗称呼。那是个海拔 67 米的小山丘，因小山顶上有一座道观叫北极阁而得名。它北瞰玄武湖，南眺南京市，山巅平坦，四周无碍，是建立气象台的理想地址。早在南北朝的刘宋年间，钦天山就设有司天台，元明两代这里也曾设有观象台，清康熙年间观测仪器移往北京，观象台在岁月的风雨中逐渐倾废。到了 20 世纪 20 年代，这里已是树木丛莽荆棘遍地的荒山，山顶尚存的北极阁道观颓垣残壁，木柱朽腐，楼板洞穿，已经不可登临了。

暮春三月，正是江南莺飞草长时节。竺可桢与建筑设计工程师一同到北极阁勘察建筑地点，拟就建筑计划。每一处的布局，每一个施工中的问题他都亲自过问。他甚至为北极阁破旧道观中的一位老道士安排了生活，并多方奔走，迁走了住在里面的一批俘虏兵。

日子一天天过去,钦天山气象所建筑工地上,处处留下了竺可桢瘦小矫健的身影。随着基建工程的大体完成,气象研究所于 1929 年初正式迁入北极阁。

这里是市区的最高处。北极阁顶建起了三层塔式观测楼。观测楼呈六棱柱形,底层是宽阔的台座和回廊,六根台柱托着宽敞的环楼观测阳台;第二层也是环楼观测阳台,比第一层略窄些;第三层是观测平台。在这里,可以俯瞰南京城。从此,观象台就成了金陵古都的新景致。

工作生气勃勃地展开了。除了原已进行的地面气象观测外,气象所先后开展了高空气象观测、天气预报和气象广播。同时,还开展了物候、日射、空中电气、微尘及地震等观测业务和研究工作。接着,气象所先后在南京、北平等地开展了测风气球、探空气球、飞机探测和气象风筝等工作。1932 年,北极阁气象所开始了地震的记录,这是我国最早的地震台之一。

地面气象观测主要是观测和记录各种天气现象,如风向风速、云型云量、能见度、气温气压、湿度等。它是气象预报、气象研究工作的基础,因此,要求气象观测必须十分严格、认真、准时、准确。无论严冬酷暑、风雨雷电,测候员都必须按规程进行观测,不可以有半分钟的延误和疏漏。

南京的冬天,十分寒冷。那是一个雪天的凌晨,北极阁上朔风刺骨,滴水成冰。这一天,气象研究所年轻的测候员朱炳海值班。他的任务是从早上 6 点到下午 1 点,每小时观测一次各气象要素。

清晨 5 点半,朱炳海从温暖的被窝中出来,穿好衣服,打着寒战进行照例的准备工作。6 点整,他开始观测气压表、温度表、湿度仪,他一边查看,一边记录。窗外是昏暗的天,四周俱寂无声。

突然,外间办公室的灯亮了,门开处,一股袭人寒气钻了进来。竺可桢微笑着站在年轻的朱炳海面前。他脸上毫无倦意,亲切地说:"你继续工作吧,我睡不着,来这里看看。"

竺可桢常常不定时地检查测候员的工作,不放过任何容易疏漏的地方。如果夜间有雨,到清晨 6 点第一次定时观测的时候一旦雨过天晴,就容易忽略察看雨量筒中的雨量。竺可桢常常亲自检查,如发现观测员漏测漏记,他就会严格地对他们进行批评教育。他这种严肃认真、一丝不苟的工作作风,深深地影响着他的学生和下属,使他们在学习和工作中终身获益。

半个世纪过去了,已成为南京大学大气科学系教授的朱炳海每忆及此,还是禁不住感慨。

气象研究所成立之前,我国的天气预报主要是由外国人办的气象台在中国发布。1930 年元旦,气象研究所正式绘制东亚天气图,发布天气预报及台风警报,收回了对沿海各气象站的管理权力。竺可桢一改原来的英制气象记录标准为国际通用的摄氏度、毫米标准计量单位。从此，我国开始有了自己领土领海的气象预报。

20世纪30年代的一天，竺可桢正在北极阁气象研究所安排工作，金陵大学的一位教授偕同两名日本人来到北极阁。

这两个日本人脖子上挂着照相机，他们对竺可桢点头哈腰地说：

"我们是日本的农学家。因为气象事业和农业生产有很大的关系，所以我们特来参观贵台。希望能够实地摄影，带点宝贵的资料回国学习。"

当时已是七七事变之后，日军侵略者的气焰十分嚣张，借机寻衅的事随时可能发生。竺可桢义正词严地拒绝道：

"气象台属国家机密，不能让外国人随便照相和参观。很遗憾，对你们的要求，我不能同意。"

面对竺可桢的拒绝，那两个日本人还不死心，他们悻悻地说：

"你这样做，同贵国政府的'睦邻政策'未免有些不合吧？恐怕会有损两国的友谊呢。"

竺可桢听后，觉得又好气又好笑，他不卑不亢地回答说：

"友谊的前提是互相尊重，双方平等。这个道理你们一定懂得。"

还是在这一年,竺可桢带队参加了在香港召开的远东气象会议。

会议期间,香港港督和会议的会长先后两次举行宴会。宴会上,中国和泰国的席位被安排在末席。竺可桢认为,这是有损我国国格的安排,是令人不能容忍的。他和出席会议的我国成员商量后决定:以不再出席会议的行动表示抗议,并提前乘坐海轮返回上海。

这一桩桩事情,更加坚定了竺可桢独立自主创办我国气象事业的决心。他把全部精力和心血都投入到北极阁气象研究所的建设和发展中。

气象所建于钦天山,有利于气象观测,但山路狭隘,交通不便。竺可桢买来几千块旧城砖,砌了山间阶梯,又修筑了直通山顶的盘山碎石汽车道。

研究所还建了图书馆,图书馆的最下一层是地震仪室,这里安装了三层窗户,可保持室内恒温恒湿。

气象研究所的经费十分有限,竺可桢精打细算,把有限的经费主要用于购置气象仪器设备和图书期刊。为了压缩行政事务开支,气象所任用20多人,其中90%是科技专门人才,许多事务性工作均由科技人员兼任。

竺可桢的家住在山下,给他配备的小汽车他只用于外出办公事。每天上下班他都是步行爬山,只有遇上风雨,他才允许汽车接送。他说,这样既节约了经费,又锻炼了身体。所里的年轻人有时下山买东西,想乘坐所里的汽车,见竺可桢如此严于律己,也纷纷仿效。

从建所那年开始,每个春天,竺可桢和全所的同事都要在山上植树。他们在山坡上种了松柏,在开阔地种了杨树,在路边种了梧桐。年复一年,北极阁披满了绿荫,10万株树木蔚然成林。

气象研究所掩隐在绿荫中,昔日荒凉的北极阁,如今成了全国气象科学研究的基地和指导全国气象事业发展的中心。这里不仅有浓郁的学术气氛,还有宁静幽雅的环境,引得许多人前来参观。蔡元培先生决定将中央研究院总办事处也设在钦天山上,并要求各研究所都集中到钦天山一带。

3. 从梦想到现实

从开始负责气象研究所的筹建,竺可桢就开始了全国气象事业的宏伟构想。他拟订了《全国设立气象测候所计划书》。在计划书中,他阐述了气象与农业、渔业、航海、航空、水利及科学开发、破除迷信的关系,提出了在全国各地划区设气象台,视区域大小及地形人口设气象测候所。按他的计划,10年内,全国应有10座气象台、180个测候所、1000个雨量测候所。

对于偌大的中国来说,这只是最起码的计划。可对于积弱积贫的中国来说,要建设如此规模的气象站网则近乎是美丽的梦想。为了让梦想成为现实,竺可桢在全国气象站网的建设和气象测候人员的培训方面费尽了心血。

蜀道难行,路途不便,为了在海拔 3000 米以上的峨眉山上开展高山测候,竺可桢亲自送气象研究所职员胡振铎等三人登上了入川的轮船。从四川寄出一封信,待走到南京到了竺可桢的手中,时间已过去了两个多月。而要在云山阻隔的峨眉山上开展高山测候,各种困苦不言而喻。

巍峨的泰山极顶,雄奇壮丽的日观峰,这里海拔 2400 多米,风云变幻,气象万千。玉皇顶道观的三间小屋,是泰山早期的气象测候所。竺可桢决定,把这里办成一个永久性的高山气象站。

他多方筹措资金,会同山东省建设厅等部门,议定以泰山日观峰为泰山气象台。

1936 年初,竺可桢亲自到泰山检查气象台建筑的进展。泰山沿途有历代帝王和文人骚客留下的碑文石刻,泰山极顶有雄浑奇丽的自然风光,可竺可桢顾不上细细欣赏,当地流传的老百姓的谚语却吸引了他的注意。"西南风,雨祖宗。"中国许多地区一般都认为"东南风,雨祖宗",为什么这个地方与之不同呢?他一头扎进了泰山气象观测资料中。经过研究分析,他弄清了泰山与其他地方有明显不同的风向和降水,这是由泰山特殊的地理位置和气象条件所决定的。

1936 年底，泰山日观峰气象台竣工，蔡元培先生亲自题写了纪念碑文。从此，在这幢花岗岩建成的房屋里，气象工作者伴着泰山的日出日落、林泉松涛，日复一日寂寞而执着地工作着。开始，这里只有两个测候员，他们轮流值班，每天坚持全天候观测记录。后来，这里又增加了日射和紫外线观测业务。直到今天，这座坚固的高山气象站仍屹立在日观峰上，为祖国的气象事业服务。

竺可桢一直想在西藏建立气象测候所。西藏高原平均海拔 4500 米，面积约 120 万平方公里，这里的天气变化对东亚一带，特别是长江流域的气候有重大的影响。1933 年，竺可桢得知中央大学地理系教师徐近之被任命为全国资源委员会青康藏调查员后，就商请他在西藏工作时，协助气象研究所在拉萨建立一个测候所。同时，竺可桢派西宁的测候员王廷璋等候徐近之一同前往拉萨。

当时入藏，交通不便，语言不通，藏人对汉人疑虑重重。1934 年，徐近之和王廷璋于 6 月 30 日从西宁动身，历尽艰辛，直到 9 月 20 日才抵达拉萨。就这样，中国人开始了世界屋脊上的气象观测，拉萨的气象观测资料通过无线电台源源不断报告给了南京的气象研究所。

测候所建起来了，可从事气象工作的专业人员却严重缺乏。于是，在竺可桢的主持下，气象研究所先后开办了四期气象学习班,总共培训了近百名学员充实到各级气象部门。

1934 年 9 月 10 日,《中央日报》《大公报》都登载了国立中央研究院气象研究所开办第三届气象学习班的招生启事:

> 凡高中毕业,30 岁以下者均可报考气象学习班。录取名额为 30 名。10 月份开学,学习时间为 6 个月,膳宿自理。毕业后派赴各地气象测候所任职,月薪 40 元,以后视其服务年限和成绩加薪。

从这天起,前往气象研究所报名的人络绎不绝。气象学在当时属于新兴学科,职业有保障,待遇较好,所以一些大学生和中学教师也纷纷前来报考。到报名截止时间,共有 530 人报考。

9 月 23 日,时近仲秋,金风送爽,考生们来到南京考试院(现在的南京市政府)。这一天考了数学、英文、党义、国文常识,作文题目是《气候与人生》。成绩揭晓后,由于考试成绩优良的人很多,改为录取 40 人,竺可桢亲自对他们进行了面试。

又是一年春草绿。阳春三月,第三届气象学习班大考完毕,结业在即。结业典礼上,中央研究院总干事、著名地理学家丁文江先生亲切致辞。屋内,洋溢着融融的笑语;窗外,突然雷电交加,暴雨倾盆。这江南三月罕见的雷雨天气仿佛是给这些未来的气象工作者一份特殊的见面礼。

经过十几年坚持不懈的努力,气象研究所在全国各地建立测候所28个,由气象研究所协助各部门建成的各级测候所50个。当时的中国,先后发生了"九一八"事变和"一·二八"事变,政局不稳,交通落后,通信不便,每一项工作的进展,竺可桢都投入了大量的精力和心血。竺可桢为创立祖国的气象事业所作的坚忍不拔的努力,永远令后人怀着深深的敬意。

4. 气象科研的丰收期

竺可桢从创建气象研究所到1936年4月就任浙江大学校长,共历时8年。这8年是他专心致力于气象科学研究的时期。

竺可桢一生公开发表的著作约270篇,有约60篇是在这8年中完成的,其中约50篇是气象方面的论著。

当时中央研究院下设的各研究机构中,数气象研究所的专职研究人员最少。在竺可桢担任气象研究所所长期间,专职的研究员连竺可桢在内也不过2—3人。但是,气象研究所的研究工作却开展得有条不紊,成绩斐然。

竺可桢有许多行政事务性的工作要做,他的科研论著,是利用每一点空余时间写出来的。

早上,他通常是第一个到办公室的人。工作时,他精力充沛,效率很高。外出办事,回到气象研究所,哪怕离下班仅有半小时甚至十来分钟时间,他也要利用起来,或者翻阅资料,或者去查阅新到的中外文专业期刊。

竺可桢搞研究,从搜集资料、查阅文献、分析论证,直到完稿,都是亲自动手,不厌其烦,因而他熟悉科研的全过程。

竺可桢的著作旁征博引,选材精练,论据可靠,剖析周严,令人折服。他为外国的一些专业期刊用英文撰写的论著,如果有人把它翻译成中文,他一定要亲自校对并润色后,才交给有关刊物发表。

科学的精神就是认真、负责的精神,就是实事求是的精神,就是一丝不苟的精神。竺可桢在工作和科研中表现出来的科学精神深深地感染着他周围的人,对气象研究所的员工起到了潜移默化的作用。

在竺可桢的影响和带动下,气象研究所有着浓郁的学术研究气氛。研究所测候员的主要工作是从事各种观测、天气预报、资料整编,但竺可桢也让他们承担了部分研究工作。从1929年到1937年,气象研究所的工作人员共写出了20余篇论文发表在《气象研究所集刊》上,这些论文和集刊在与国外气象研究机构的学术交流中受到了重视和好评。

竺可桢在从事气象研究中,深感资料缺乏的苦恼。他决心从现在做起,带领所里的气象工作者,对现有的中国气象资料进行收集、整理、汇编。经过多年努力，他们整编出了《中国之雨量》和《中国之温度》两部著作。

这是两部资料性质的书，其中有翔实的统计数字，有一目了然的图表。精装的册页，散发着油墨的清香，凝聚着竺可桢及中国第一代气象科学工作者们的心血。这是中国气象史上第一部完整、系统的降水和气温的记录。翻开它，中国各地历年来的天气状况历历在目。它为气象工作者和各个行业的人提供了极其宝贵的资料，具有长久的参考价值。

竺可桢在多年对中国气候潜心研究的基础上，着手撰写《中国气候概论》。竺可桢认为，影响中国气候的三个主要因素是：海陆分布，山岳阻隔，风暴活动。竺可桢在论述中指出：中国地理纬度与西欧和北非相似，北纬 40 度附近幅员最广阔，大约相当于地中海的纬度。可是，中国的气候与西欧、地中海却大不相同。造成这种差异的原因就在于海陆分布。西欧是海洋性气候，中国是大陆性气候。中国又处于明显的季风区。季风给中国气候带来两种影响：一是使冬季干燥寒冷；二是使夏季湿润炎热。在这部著作中，竺可桢阐明了秦岭是中国南方和北方的气候分界线。他还一一说明了喜马拉雅山、昆仑山、天山、阿尔泰山、五岭、西藏高原、云贵高原对我国气候的影响。

竺可桢的目光不仅注视着祖国东部经济比较发达的地区，而且还对西北、西南边疆的气候进行了分析研究。他指出了川西多雨的原因,天山对于我国北方的屏障作用,藏南地区的水蒸气来源于印度洋,河西走廊的农业灌溉全靠祁连山的冰雪水……

竺可桢的《中国气候概论》,奠定了中国气候科学的基本理论体系,对于我国的气候区划、自然区划甚至农业区划产生了深远的影响。他当年提出的一些原则、方法、区域名称、指标和界线,至今仍为人们所沿用。

在此期间,竺可桢还写了一些运用气象学理论和知识来指导气候预测和生活实践的文章,具有很强的可操作性。

《南京三千米高空之风向与天气之预测》,是一篇对南京的天气预报具有指导意义和实用价值的文章。

《气候与人生及其他生物之关系》,是一篇论述气候和人生各个方面关系的文章。在这篇文章中,竺可桢阐述了气候与衣、食、住、行各方面的关系,为气象、气候工作者们进一步研究服装与气候、饮食与气候、建筑与气候、交通与气候、医药卫生与气候等应用气候学,开创了良好的开端。

《华北之干旱及其前因后果》一文,论述了我国华北地区影响国民经济最关键的气候问题——干旱,是竺可桢区域气候学的代表作。

北极阁上的风云雷电、朝霞夕阳,伴着竺可桢度过了几度风雨、几度寒暑。一篇篇科研论文的写成,凝聚着竺可桢对气象事业的痴迷和热爱！

1928 年到 1936 年，近 10 年的时间在历史的长河中不过是一瞬，而这 10 年却是竺可桢从事气象科学事业的重要时期，也是竺可桢为中国的气象事业奠基的时期。

在这一时期中，尽管政府无意于大力发展科学技术，在国内从事科学研究面临着资金短缺、人才匮乏、信息闭塞、各级权力部门互相掣肘等重重困难，但在竺可桢等老一辈气象学家坚持不懈、坚苦卓绝的努力工作中，原来基础十分薄弱的中国气象事业有了良好的开端。建立起了科研领导机构，对全国的气象科研、气候预测工作进行了宏观的指导；在全国各个地区建立了各级测候所（站），气候观测、气象预报逐渐走上了正轨；培训了一批气象工作人员，建设起了一支从事气象科研、气象工作的队伍，促进了中国气象学界与国际气象学界的交流与合作。

对于竺可桢个人的科学研究来说，这一时期也是他致力于气象科研的丰收期。他在这一时期发表的气象学论著，对中国的气候区划、中国的季风、中国的大气运行、气候变迁、中国物候等方面的研究，都是开拓性的，具有很高的应用价值，对中国的气象研究做出了独特的贡献。

在以后的岁月里，竺可桢离开了气象研究所。可他无论身在何处，无论做着什么工作，他从来没有忘记他所热爱的气象事业，从来没有放弃过气象学研究。

三

在气象事业蓬勃发展之际,竺可桢受命于危难之时,出任了浙江大学校长。这是他人生的一次重大转折。八年抗战,浙大在滚滚烽烟中颠沛流离,四次迁移。战乱中,他失去了妻子和儿子。为了浙大的生存和发展,竺可桢做出了坚苦卓绝的努力。从此,他的名字就和浙江大学紧紧地联系在了一起。

1. 新来的校长

暮春时节的杭州,柳丝拂面,布谷声声。竺可桢离开了他魂牵梦萦的北极阁,出任浙江大学校长。他面对全校师生和来宾,举起右手宣誓:

> 余敬宣誓。余恪遵总理遗嘱,服从党义,奉行法令,忠心及努力于本职。余决不妄费一钱,妄用一人,并决不营私

舞弊及接受贿赂。如违背誓言,愿受最严之处罚。

此誓

民国二十五年五月十八日

竺可桢

在此之前,竺可桢对最高当局委任他出任浙大校长一职,曾有过犹豫和推辞。

就竺可桢的性情来说,他不愿出任校长。他深知大学校长事务繁杂,他不善于与一层层的官僚机构打交道,不愿意听命于部长和委员长。更主要的是,他放不下他热爱的气象科学研究,放不下他为之殚精竭虑、日益发展的气象事业。虽然当局任命他为浙大校长的同时,仍让他兼任气象所所长,但他唯恐两头兼顾而两头都不能做得很好。可是,对国家强烈的责任感又使他不愿意多考虑个人意愿和利害。他在日记中写道:"……此时余若不为浙大谋,而取明哲保身主义,则浙大又必陷于党部之手……"与此同时,他的亲人和许多友人都纷纷劝他接任。他们认为,教育事关民族未来,大学应成为挽救社会文化衰退的中流砥柱,竺可桢出任大学校长正可以施展自己的才华和抱负。

在竺可桢难以决断的时候,他的夫人张侠魂温婉地鼓励他说:"当前大学教育问题众多,办教育的人风气不正也是问题之一。有抱负的正派人为什么不能毅然受命,用实际行动做出榜样来呢?"

竺可桢终于决定前往浙大任职。他向当局提出三个条件:

一、财政须源源接济。

二、用人校长有全权,不受政党之干涉。

三、时间以半年为限(后改为一年)。

他仍然希望在学校工作走上正轨之后,能有合适的人选来接替他,让他继续全身心投入气象事业。

浙江大学的前身为求是书院。

19 世纪末叶,清王朝腐败无能,对内苛政如虎,对外丧权辱国。一些有识之士痛感,若想民族振兴,必须从培养和造就人才着手。杭州知府林启在 1897 年创办了求是书院,1902 年改称浙江大学堂,后几度易名,1928 年定名为浙江大学。30 余年的风风雨雨过去,竺可桢任职时的浙江大学,已是十分破败。宣誓典礼前后,竺可桢到浙大各处巡视了一遍。当时的校本部和文理学院、工学院在城东慈湖旁边,农学院在庆春门外的华家池。他看到,在全国的国立大学中,浙大的基础设施应算是最糟糕的。物理室、教育室、图书室均十分破旧,如遇连阴天,外面下大雨,室内下小雨。化学室租用的是校外破旧的房子。只有生物室稍好一点,是几间新建的平房。堂堂高等学府,图书室却总共只有 5 万余册存书。面对这一切,竺可桢心里感到很沉重。形成这种局面,除了历史的原因、经费的原因外,还有管理上的种种问题。他在校园里看到，网球场上因为连日阴雨，没有学生的身影，可那些球网却没有人收拾。雨中的球网变成了黑色，待到天晴，太阳一晒，球网很快就会糟朽烂掉。想到有关人员如此不爱惜校产，竺可桢的眉头皱得紧紧的。

竺可桢是个不善于言辞的人。搞科研，他头脑缜密、思路清晰，而人多时讲话，他感到十分窘迫，常常把该说的话忘掉。可他到浙大后的第一次演讲，却深深吸引了全校800余名师生。

他首先谈了办大学的目的：大学就是要培养出为学问而努力、为民族而奋斗的人才。他讲道："我希望诸位同学要深切体念在今日中国受高等教育者的稀少，自觉其所负使命的重大，致力于学业道德体格各方面的修养……"他谈到浙江是人文荟萃之地，远有越王勾践卧薪尝胆，雪耻自强，近有黄宗羲、朱舜水致力学问，以身许国。他鼓励大学生们要成为为学问而努力，为民族而奋斗的典范。

竺可桢强调："办理教育事业，第一须明白过去的历史，第二应了解目前的环境。凭借本国的文化基础，吸收世界文化的精华，才能培养有用的专门人才。同时还必须根据本国的现实，审察世界的潮流，所养成的人才才能合乎今日的需要。"竺可桢的这些思想，是他求索30年的精神成果，也是他人生旅程的经验结晶。

谈到现实，竺可桢说："有知识有血气的青年，早已感到国家情势危迫。近百年来,列强侵略进行不息,中国不能发愤自强,以致近几年国家面临着最严重的危机。"他的话,引起了青年学生们的强烈共鸣。他们和竺可桢只是初次相见,但已经从心底信任自己的校长了。

竺可桢的讲话没有应景的废话和空话,而是阐述了他的教育思想。这思想继承融合了中国书院教育的优良传统,吸收了西方先进的教育理念,这思想与近代以来蔡元培先生所倡导的教育思想一脉相承,继承和发扬了"五四"的科学与民主精神。在这种教育思想的引导下,竺可桢对浙大的师资建设、教学管理、学科设置等进行了重大改革。

竺可桢十分重视学生基础知识的坚实。他动员和安排那些高薪礼聘的著名教授为大学一年级学生上基础课。他说:"我认为教数、理、化、国文、英文,必须有第一等教授。"当时的浙大,苏步青、钱宝琮教过大学一年级的数学,王淦昌、朱福棠教过新生物理,周厚复、储润科教过化学,谭其骧教过中国通史。这些教授都是本学科的专家,他们的学问造诣、品德人格,为年轻的大学生树立了人生的楷模。

竺可桢主张大学教育应既重视专业教育又重视通才教育,侧重于通才教育。他认为大学教育"若侧重应用科学,而置基础科学、人文科学于不顾,这是谋食而不谋道的做法"。基于此,竺可桢努力扩充浙大的院系,致力于把浙大办成一个多学科、多学院的综合性大学，如同浙大校歌中所唱："包涵万流，海纳江河"。

竺可桢严格把好新生录取的质量关。他亲自主持招生工作，派有名望的教授阅卷，录取新生宁缺毋滥。对于那些说情托人的，则一概不予理会。有一年，浙江省主席、省参议会议长王云慈的女儿考分不够，请竺可桢予以关照。竺可桢感到为难，婉言拒绝道："孩子想上浙大，这是好事。但孩子成绩达不到要求，即使上了大学还是会很吃力。不如再上一年预科，把基础打牢，明年再考。"

经过一年多的努力，浙大的教学管理上了轨道，教学质量有了提高，报考浙大的学生人数有了显著增长，校园里焕发出勃勃的生机。

转眼到了天高云淡、丹桂飘香的秋日，浙大组织了教职工及家属的登山比赛。

男、女、老、幼，六七十人齐聚在葛岭。山脚处，陈柏青先生鸣枪发令；山顶上，体育系的舒鸿先生记录名次。信号枪一响，小孩子们欢呼着领先冲了出去，紧跟在后的有德高望重的老教授，有平时不爱运动的教授夫人，还有刚刚留洋回来的年轻博士。结果，第一个登顶的是著名物理学家王淦昌先生。竺可桢是第 13 名。

竺可桢为每个登山者都分发了纪念品。第一名王淦昌得到了一本由郑晓沧教授翻译的《小男孩》,孩子们得到了玩具飞机,教授夫人们得到了泥菩萨。欢声笑语飞扬在葛岭山下、西子湖畔……

在这些日子里,竺可桢因兼任气象研究所的工作,常奔波于南京、杭州之间。他多次向有关部门提出,原定任校长的一年期限已到,希望尽快派人来接任。可是,各方面都认为找不到比他更合适的人替代他,就请他继续留任。

竺可桢穿梭似的在南京、上海、杭州之间奔波。乘坐火车时,他大多选择坐夜车,以便不耽误白天的工作。如果是白天坐车,他就把一些事情带到火车上去做。

他在奔驰于沪杭线的火车中批阅考生试卷。

他与各方人士洽谈,四川、西宁这些边远省区也建起了一个又一个测候所。

他为了浙大的发展,四处延揽人才,三次亲自登门请国学大师马一浮先生任教。

他时刻不忘气象研究,多次到当时的中央电台讲授《气候与人生之关系》,还到杭州航空学校为师生们讲授《东亚之气候》。

不知不觉间,一年的时间过去了。竺可桢感到,忙碌中的日子过得格外快。在送别毕业生时,竺可桢在学生要他签名的毕业纪念册上写下了唐宋八大家之一曾巩的"四忌":吃饭忌饱,住屋忌好,著书忌早,做官忌巧。在浙大毕业典礼上,竺可桢鼓励学生走出校门后,为人处世应"只知是非,不计利害",做到有志、有识、有恒。

1937 年,抗日战争爆发,浙大乃至全中国都处于危难之中。竺可桢认为,在这非常时期,只有力保浙大、共赴国难才是自己义不容辞的责任。所以,他也就不提辞职的事情了。

2. 战乱中的离丧

1937 年七七事变,日军侵犯北平。1937 年 8 月 13 日,日军进攻上海。抗日战争自北向南全面展开。

日军飞机沿着中国的铁路线进行疯狂的空袭,美丽的西子湖畔生灵涂炭,硝烟弥漫。

早上 8 点,浙大的学生刚刚开始上课,刺耳的空袭警报就划破了宁静的校园,跑警报、躲警报占去了大部分的学习时间。从早到晚,师生们没有片刻的安宁。竺可桢决定率领全校师生员工迁移到浙江的建德市。

离开杭州之前,竺可桢走遍了整个校园。从教学楼到实验室,从操场到图书馆,他默默无言,陪同他的人也都默默无言。他想到了搬迁的每一个问题,可他却无论如何也没有想到,这一去就是八年。

建德在杭州西南约 240 公里处,这是浙大抗战期间搬迁的第一个地方。

敌军步步推进,战争局势更加险恶,政府各部门纷纷迁移,老百姓四处逃难。南京的中央政府迁到了重庆,浙江省政府迁到了浙南,浙大也再次西迁到 600 多公里外的江西泰和。

泰和是江西省中部偏南临着赣江的一个县城。那里的上田村有许多空闲的房屋,稍加修葺就可以容纳浙大的师生,还不用交纳房租。师生们在这里安顿下来后,很快就复了课。他们不仅补上了落下的课程,还举行了学期考试。当时的教育部派人到全国各地巡视,认为浙大在所有迁移的大学中教学秩序和教学质量都是最好的。

浙大的驻地临着赣江,常闹水灾,当地老百姓说:"三年不遭水灾,母鸡也戴金耳环。"竺可桢与当地政府协商,由地方出一部分钱,浙大义务负责全部技术、设计和施工指导,用两个月时间修筑了一条长 7.5 公里的防洪堤。从此,上田村因这项工程而受益。至今这条防洪堤还发挥着作用,人们称之为"浙大堤"。

浙大在泰和只待了半年时间,战火又烧到了江西北部。偌大个中国,却没有安放一张平静书桌的地方。竺可桢只得再一次寻找迁校的地点。他从湖南到广西,在遍地烽烟中长途奔波,历时近一个月,备尝艰辛。

途中,他接到了学校的电报,被告之夫人张侠魂患病,催他速回。他坐上车就往回赶,整整两天都在车上,到了江西泰和上田村堤上,已是晚上8点20分了。竺梅拉着弟弟竺安、妹妹竺宁等候在这里。自从妈妈病重以来,他们每天都在这里等候爸爸归来。

竺可桢搂过几个孩子,心疼地问道:"怎么站在这儿?妈妈的病好些了吗?"女儿竺梅眼泪汪汪地说:"妈妈的病好些了。"竺可桢悬着的心放下了一半。他又问道:"衡儿怎么没来?"竺可桢在外奔波时,曾听学校的人说过竺衡生病的事。孩子们"哇"的一声大哭起来,一边哭,一边告诉父亲"衡没了"。原来,竺衡因患痢疾得不到及时救治,已经死去一星期了。竺衡是竺可桢的二儿子,生于1924年7月13日,他性情沉稳谦和,聪明好学,从性格到长相都很像竺可桢。这一年他刚刚过完14岁生日,就走完了人生的旅程。一时间,竺可桢只感到剧烈的眩晕。恍惚间,他觉得像是在做着一个噩梦。

回到家中,见到了卧病在床的夫人张侠魂。因为怕加重她的病情,人们没有告诉她竺衡去世的消息。半个多月痢疾的折磨,她已经十分衰弱。她拉着竺可桢的手,泪流满面,好半天才说出:"你再回来得晚些,恐怕我们就见不着了。"

如果在医疗条件好的地方,她的病早已得到控制。可是,泰和地处偏远,缺医少药,她的痢疾一直得不到有效治疗。她发烧不止,心跳过速,身体十分虚弱。竺可桢强压着心中的哀伤和焦虑,四处寻医问药,日夜守候在妻子身边。

在竺可桢回来的第四天,夫人张侠魂的病由痢疾、肺炎并发褥疮转败血症。她呼吸急促,心率达每分钟 140 次,身上的褥疮溃破,脸上起了水泡,眼睛都睁不开了。

竺可桢流着泪,握着妻子的手,摸着那越来越弱的脉搏,他轻声连连唤着亲人。开始,妻子还能微微颔首。但很快,她就昏迷不醒。1938 年 8 月 3 日上午 11 点 24 分,夫人侠魂永远停止了呼吸。

短短半个月时间,竺可桢接连失去了儿子和妻子,他悲痛难抑。在为妻子收拾入殓的衣服时,他看到妻子写于一个月之前的文章,那是为纪念卢沟桥事变一周年而作的。动人的文字,熟悉的笔迹,令他泪不能禁。在为妻子看坟地时,路过华阳书院,他想起不久前还与妻子携手同游,如今却物是人非!大殓那天,他把妻子侠魂喜爱的手表和自来水笔放入了棺中,那还是 5 年前他在美国波士顿为她买的。他在一首诗里记下了自己的伤痛:

生别可哀死更哀,
何堪凤去只留台。
西风萧瑟湘江渡,

昔日双飞今独来。

8月10日，浙大师生员工为张侠魂女士举行了追悼会，300余人参加了追悼会。会场上悬挂着张侠魂女士的半身像及纪念七七事变手稿的放大照片。浙大教务长郑晓沧教授主祭、致悼词。当看到竺可桢瘦弱的身躯、憔悴的面容时，许多人禁不住低声呜咽。

料理完丧事，竺可桢忍着心中的悲痛，又开始为学校的迁移而奔忙。经多方调查，根据浙大当时的经济能力，决定迁校址到广西宜山。

9月中旬，学校又开始了一千多公里的长途搬迁。学校的图书仪器及大件行李走水路沿赣江而上，师生员工及随身行李经衡阳走陆路。临出发前，竺可桢携女儿竺梅和儿子竺安、竺宁来到张侠魂的墓前告别。长子竺津在年初考取了军校，战争期间，军校学生随时可能开赴前线，所以母亲去世他未能回家。

坟墓上的土是新培的，墓前有孩子们用松柏和野花编扎的小小花圈。想到国土的沦亡，亲人的离丧，竺可桢和孩子们静静地伫立在墓前，久久地不愿离去。夕阳把墓前几个瘦弱的身影拉得很长很长……

3. 在艰难中发展的"东方剑桥"

宜山在广西中北部,是广西八大城市之一。抗战后,有不少大城市的部门迁到这里,浙大是其中较大的单位。

1938 年 11 月,浙大在宜山开学。竺可桢作了演讲,确立"求是"为浙大的校训。他说:什么是"求是"? 就是"排万难冒百死以求真知"的精神。在人类文明史上,布鲁诺、伽利略、牛顿、达尔文、赫胥黎等科学家,为了真理,有的被囚禁终生,有的被活活烧死,有的穷困潦倒遭人诟骂,但他们始终不改初衷,这就是"求是"的精神。

怎样才能做到"求是"呢? 竺可桢认为我国儒家经典《中庸》上所说"博学之,审问之,慎思之,明辨之,笃行之",指明了努力的途径。

那么,已经求得"是"之后又怎么样呢? 竺可桢说,那就应该尽自己的全部力量去实行。"鞠躬尽瘁,死而后已",这就是求是精神。

竺可桢立"求是"为浙大的校训,他本人的所作所为,就是"求是"精神的最好体现。

他认为中国要想强盛,只有靠中国全体国民努力奋斗。在气象研究所,他"上穷碧落下黄泉",为中国的气象事业探索和开拓出一条独立发展的道路。就任浙大校长,他希望培养出具有"清醒而富有理智的头脑,明辨是非而不问利害的气概,强健的体格与为公献身热情"的人才。"求是"精神使他无论在多么艰难困苦的情形中,对自己所选择的科学、教育事业,呕心沥血,倾尽全力。

宜山风景秀丽,民风淳朴,但被称为"宜山宜水不宜人"。滇桂之地自古被称为瘴疠之乡,浙大的教师、家属和学生搬迁到这里后,很多人都感染了疟疾。患者恶寒恶热,高烧不退,被折磨得形销骨立。在这里,除了借用的文庙以外,教室、礼堂、学生宿舍都是大草棚。这里没有通电,晚上照明靠小煤油灯。但就在这样简陋的环境里,浙大培养出了一批栋梁之材。

在宜山,竺可桢组织师生建立了一个小气象站。在服务于教学和科研的同时,也用于当地的气象预报和为农业生产服务。他还鼓励学生在课余时间开辟"第二课堂"。学生自治会在宜山办了识字班、常识班,教当地老百姓学习文化和普及科学知识。竺可桢亲自前去检查、指导。

一天,学生会的女干事王爱云来见竺可桢,她说:

"竺校长,前些天送走了战地服务团的同学后,我们就商量着为前方的将士们再做点什么。同学们想星期天在文庙搞一次义卖活动,义卖所得的款项全部捐给抗日前线。你看行吗?"

竺可桢微笑着点头说:"这个想法很好,抗战无小事,前方的将士在流血，我们后方的人当然应该有钱出钱、有力出力。"

送走王爱云，竺可桢为学生的爱国热情而感动。在此之前，他曾不止一次地为抗日捐款捐物，这次他也想再做点什么。

他找出自己珍藏着的亡妻的一些物品：汕头的绣花台布，精美的闽漆花瓶，珠绣手袋，一串项链……这些都是亡妻生前喜爱的饰物，他挑拣出其中较为实用的 12 件物品，交给了学生会热心的女干事。他觉得这样做不仅是自己的心愿，更是亡妻的心愿。

浙江大学西迁时，带有一部《四库全书》，这套《四库全书》本是由浙江省收藏的珍品。当战火临近杭州时，竺可桢向教育部建议，将放在杭州孤山文澜阁的《四库全书》西迁。教育部就委托浙大办理此事。竺可桢于是指派了浙大的两位专业人员负责。他说："《四库全书》于清乾隆三十八年开始修书，共计十六万八千多册，分抄为七部，其中三部被毁，两部又沦入敌手，如今全国仅余两部，文澜阁中藏的就是其中一部。这是我们国家的文化瑰宝，决不能让它像《永乐大典》一样毁于战乱。我们要保护好它，切不可等闲视之。"

一部《四库全书》共 36000 册，分装在近百个大木箱中。在战火纷飞、兵荒马乱的年代，这部书跟着浙大人千难万难地搬迁，多次辗转，最后存放在贵阳西边的地母洞。浙大派专人保管，竺可桢亲自前去察看，每年夏天派人去帮助翻晒。最后终于保全了这部国宝。

尽管战时的交通非常不便,浙大的事情千头万绪,竺可桢仍然要长途跋涉在宜山、重庆、昆明之间。他要参加中央研究院的院务会议,他要为浙大的种种事务与当局洽谈,他还要处理气象研究所搬迁到重庆后的各种事项。而在此期间,日军日益逼近广西,浙大不得不又一次迁校。

1939年最后的日子,浙大师生员工及眷属离散于黔桂途中。搬迁的校址尚未完全落实,搬迁费用仅够一半,空中不时响起空袭警报,地上逃难的人们忍受着饥寒。竺可桢的焦急愁闷无以言状,而这一切还不能流露出来。在浙大师生面前,他永远是以精力充沛、信心百倍的形象出现。

1940年1月,竺可桢离开宜山,到贵阳、遵义勘察迁校的地址。2月初,竺可桢就在遵义开始办公。紧接着,浙大的师生都搬迁到遵义复了课。

遵义在贵阳以北151公里处,是从贵阳到重庆之间的重要城市。1935年红军长征,召开的在中国革命史上具有转折意义的遵义会议,就是在这里举行的。浙江大学从1940年初迁到遵义,到1946年回到杭州,共在遵义停留了6年半。这6年半是中国现代历史的非常时期,随着抗日战争进入战略相持阶段,竺可桢在地处西南大后方的黔北与浙大共度了6年多的艰难岁月。

浙大到遵义后,竺可桢抓住生活环境相对安定的有利时机,集中精力提高浙大的教学科研水平。

经过竺可桢的多方努力,浙大这几年聘请到一大批国内第一流的教授。理学院有胡刚复、苏步青、陈建功、钱宝琮、贝时璋、谈家桢、王淦昌等,文学院和师范学院有梅光迪、郑晓沧、钱穆、叶良辅、涂长望、费巩、夏永煮、丰子恺等。为了请到这些教授,竺可桢克服了重重困难。如著名植物生理学家罗宗洛,在应聘浙大时要求带四个助手一起来,尽管当时浙大编制、经费都很紧张,竺可桢还是满足了他的要求。

从1940年开始,国统区的物价开始上涨,物资供应日渐匮乏。1940年,每斗米价是6元钱,到了1941年就涨至每斗米50元钱。人民群众的生活越来越艰难,教授们也不例外。

著名教授苏步青先生因子女多,口粮紧缺,只能以甘薯充饥。他的孩子考取了大学,家里连孩子住校所需的被褥都没有。

著名数学家陈建功先生因家人生病,借款无力偿还,只好把自己珍藏的《高斯全集》共25本折价卖给学校,以还欠款。

对这些情况,竺可桢看在眼里,记在心上。他在日记中记下了这些教授的家庭状况,并尽自己所能去帮助他们。

竺可桢民主的作风及他对教职工的尊重,使浙大的教师们能在清贫的物质条件下安心教学科研,学校具有浓郁的学术空气。文、理、工、农、医、法及师范七个学院人才济济,许多学科有自己专门的研究机构。

　　抗战期间,英国著名生物学家和科学史家李约瑟教授一行,到中国参加中国科学社年会。他在浙大作了《战时与平时的国际科学合作》的演讲,参观了浙大的生物系、数学系、物理系、农化系和史地系。他为浙大在如此简陋的条件下出了这么多科研成果、拥有这么多人才而惊叹不已,尤其被浙大师生在战时的困难条件下坚持科研的精神感动。他回英国后,在伦敦演讲,赞扬中国科学家在极其艰苦的环境下工作。他在《自然》杂志上撰文写道:在重庆与贵阳之间一个叫遵义的小城市里,可以找到浙江大学,这是中国最好的四所大学之一。在这里,可以看到科学研究活动的繁忙紧张的情景。他称誉浙江大学是"东方的剑桥"。

四

竺可桢原本是个不过问政治的科学家和教育家,他认为科学可以救国,大学教育应超脱于党派斗争之外。可日益严酷的现实使他逐渐清醒,科学家的理性和良知呼唤他站到了民主斗争的前沿。

1. 费巩事件

3月的重庆,阴雨连绵。不下雨的日子里,则是雾蒙蒙的一片,空气潮湿得仿佛抓一把就能拧出水来。

竺可桢在重庆与相识一年多的陈汲女士结了婚。

陈汲毕业于北京女子高等师范学校英语系,在中央研究院图书馆工作。著名文学家、武汉大学教授陈源是她的哥哥。良好的教育和家庭环境,使陈汲具有出众的气质和学识。

婚后,竺可桢偕夫人回到遵义。他没想到,一场政治风波正在等着他。

竺可桢从重庆回到遵义的第二天，浙大的训导长姜琦就找上门来。他气急败坏地说："竺校长，我这个训导长是干不了啦！学生娃子们太猖狂，简直无法无天，你若是不严惩这些学生，我就要上告中央党部！"

竺可桢忙问：

"发生了什么事？坐下来慢慢说。"

姜琦是国民党党员，也是教育学教授。从 1939 年秋开始，教育部规定国立大学设立训导长一职，专门负责学生工作，并要求必须是国民党党员方能任职，所以姜琦被聘为训导长。

姜琦上任后，因发展三青团团员的事激起了学生们的不满。学生会的壁报对他的做法进行了指责，他就派训导处的人把壁报撕掉。学生会的代表到训导处抗议，由此闹得不可开交。

竺可桢听着姜琦的诉说，心想：作为一个训导长，又身为大学教授，为这样一点事就又吵又闹，未免小题大做，太不善处理事情了。但为了迅速平息事端，他对训导处的人员进行了劝解，也批评了学生会的一些做法。但是，姜琦却坚持要开除学生，竺可桢不得不给两个学生记过处分。他想就此了结冲突，没想到姜琦和学生的对立仍在发展和继续。

没多久，竺可桢接到教育部发来的密件。密件上说浙大有共产党的学生组织，如黑白文艺社、铁犁剧团等，并列举了这些社团组织负责人的姓名，要求校方调查取缔。

接着，竺可桢又收到了贵州省主席转来的内容相同的密件。

竺可桢不相信密件上的指斥，他历来主张思想自由，他认为：即使这些学生是共产党，只要他们不违法、不犯校规校纪，就不应当干涉他们。只有这样，学生的思想才能活跃，学校才有良好的学术气氛和政治气氛。

但是，姜琦却坚持认为学生不能有思想自由，训导处的职责就是监视和管束学生。他看到，不仅学生反对他，就连竺可桢也对他的做法不满，就提出辞职，想以此让竺可桢让步。可他没想到，竺可桢真的同意了他的辞职。

姜琦辞职离任后，竺可桢顶着当局的压力，聘请曾经留学英国的政治经济学教授费巩出任训导长。费巩不是国民党党员，但他为人正派，爱护学生。竺可桢希望通过他，使校方和学生真正融洽一致起来。

在竺可桢的坦诚聘请下，费巩同意担任半年训导长，条件是他不参加国民党，也不领取训导长的兼薪。他对学生们说：

"有人称训导长为学校的警察局长，但我决不做警察局长或侦探长。我认为训导长不过是教授和导师职务的扩充，我愿意做你们的顾问，做你们的保姆，以全体同学的幸福为己任。"

费巩教授是个古道热肠、疾恶如仇的方正君子。他关心学生，自己拿钱置备了一批凳子，使学生们在饭厅里可以坐着吃饭。他想方设法改善食堂伙食，亲自动手领着学生在烈日下架起大锅烧开水烫臭虫,为教室安亮瓦,糊窗户,做书架,他还亲自设计改制桐油灯,让学生上晚自习用。

费巩教授性格刚直,常常抨击国民党的腐败无能。他支持学生定期开办"生活壁报",鼓励学生畅所欲言,师生间建立了很深的情谊。

费巩的所作所为被国民党、三青团所忌恨,他的言行都成了一条条罪状,从各种渠道密报重庆当局,记录上了黑名单。

一天清晨,费巩在重庆千厮门码头准备前往北碚的复旦大学讲学时,突然神秘失踪。

消息传到遵义,竺可桢万分焦急,他倾全力四处打听费巩的下落。根据当时国民党压制民主的政治形势,竺可桢分析费巩很有可能是被特务抓捕或暗杀。他不顾个人安危,奔走呼号,在报纸上发表文章,与浙大教授一起联名打报告给教育部和蒋介石,要求维护人权,主持正义,生要见人,死要见尸。

费巩失踪案在整个社会传遍,整个社会舆论哗然。

许多年过去了,新中国成立后从缴获的特务档案中才得知,费巩被国民党特务秘密绑架,杀害于歌乐山集中营的镪水池中。

在当时,费巩失踪案成了国民党政府宣传民主、宪政的一大讽刺。这一事件也使竺可桢进一步认清了国民党政府反人民、反民主的法西斯专政本质。

2. 倒孔游行

1941 年 12 月 27 日，日军攻陷香港。香港沦陷前，当时的行政院院长孔祥熙，派专机到香港把妻子宋蔼龄、女儿孔二小姐，以及大批箱笼行李和四条洋狗接到重庆，而许多著名的爱国人士却留在香港不能脱险。

重庆的《大公报》披露了这一消息，顿时"一石激起千重浪"，人民压抑已久的愤怒被点燃了。

远在昆明的西南联大学生举行了游行，浙大的学生也决定游行示威。就在这时，竺可桢接到了教育部的电报，要求学校阻止学生上街。

第二天清晨，遵义街头布满了军警。竺可桢深知形势的严峻，他不愿意看到流血冲突事件发生。他集各学院的院长来到学生集会地点，力图劝阻群情激愤的学生。

面对那一张张年轻的面庞，他说：

"孔祥熙做的事，是不得人心的。可是，你们出去游行太危险。街上的军警早已荷枪实弹，弄不好，就会流血。"

他停了一下，又恳切地说：

"你们在学校里可以集会，可以演说，可以出壁报，也可以发电抗议。为了你们的安全，还是不要上街为好。"

学生代表说：

"竺校长，现在是什么社会？老百姓连起码的权利都没有。四条洋狗可以坐飞机，而知名爱国人士却没有这个资格。竺校长，您也是有声望的爱国人士，对香港的那些同人，您难道不给予同情吗？"

竺可桢说：

"我同情他们，也支持你们。可是我还是希望你们不要离开校园。"

他觉得有许多话堵在胸口，可又不能像这些学生一样大声呼喊。他看待这些学生就像自己的孩子一样，他想告诉他们，只要在学校，他就能保护他们。可一旦走出校门，天知道会发生什么样的事情。

学生们七嘴八舌地说：

"把我们关在学校里有什么用？我们要向人民大众宣传，揭露政府当局的消极抗战、贪污腐败！我们要唤起民众！"

"竺校长，让我们出去吧！"

竺可桢的眼睛湿润了，在这种时刻，他只想和学生们在一起。他下了决心，对大家说："你们既然要游行，那就让我来领队。但必须排好队伍，保持秩序，勿与军警冲突。"游行队伍出发了，以浙大校旗为前导，竺可桢领着教职工走在前面，中间是女生，后面是男生，整齐的队伍呼喊着口号走遍了山城的大街。

途中，他找到警备司令张卓，要求军警不要干涉学生的爱国活动。

军警没有出来阻挠，游行队伍秩序良好。尽管学生们在前面刚刚贴上标语，军警就立即在后面撕掉，但广大市民对学生们却报以热烈的欢迎。

浙大的这次示威游行发生在被国民党称为"模范省"的贵州，惊动了最高当局。蒋介石亲自给警备司令张卓打电话，要他严密监视浙江大学，一旦发现共党分子，立即查办处置。

接着，教育部和中统都派要员到遵义调查，形势显得十分紧张。

一天深夜，国民党县党部的书记叶道明，以查户口为名，在浙大助教潘家苏、学生滕维藻的住处搜出了"反动标语"，并当即把他们拘捕。

竺可桢早就知道叶道明是个什么坏事都干得出来的卑鄙小人。他说："这里边一定有鬼！"他去县党部要人，可是，潘家苏和滕维藻已被押往重庆。遵义山城，冬天十分寒冷，竺可桢脚上的冻疮破了，他跛着脚四处奔走，脚肿得老高，一挨地就疼痛难忍。经过他和师生们的调查，证明这是一起栽赃陷害事件。整个冬天，竺可桢都在为这两个人的事情上上下下地努力，最后，他终于在中统局的保单上签上自己的名字，把这俩人从看守所保了出来。

一波未平,一波又起。

2月19日深夜,国民党特务又逮捕了浙大史地系学生王蕙和中文系学生、黑白文艺社社长何友谅。他们先被关押在贵阳,后又被关押到重庆青木关附近的"战时青年训导团"集中营。竺可桢只身一人到集中营去探望他们。

青木关在重庆郊外,竺可桢为了探望这两个学生,早上5点就起来了。他步行到北碚车站,等了一个小时才坐上公共汽车,下车后又走了七八里路。那是一条窄窄的石板路,蜿蜒起伏于丘陵间,四野不见什么行人,显得十分僻静。

在名为"战时青年训导团",实为进步青年的集中营里,竺可桢见到了王蕙。他们见面的时间规定为半小时。

王蕙告诉竺可桢,何友谅因为越狱逃跑被抓回,看管得格外严密,一概不允许探视。她说,他们这次被捕还是因为那次倒孔大游行。被关押期间,审讯内容都是关于那次游行的事情。

探视的半小时时间很快就过去了,竺可桢十分难过地离开了这里。

竺可桢下山时遇到了警报,等了两个来小时警报才解除。他饿着肚子往回赶路,在青木关车站见到一个穿警服的人押着一个戴手铐的学生模样的人。看到这情景,竺可桢不禁流下了眼泪。

不久,王蕙由竺可桢保释,何友谅被国民党杀害。

3. 于子三之死

1945 年,历时八年的抗日战争胜利了。第二年,浙江大学迁回杭州。

八年来,人民日夜盼望着胜利,盼望着和平。他们怎么也不会想到,打败了日本鬼子,盼来的却是令人忧伤的时局和朝不保夕的生活。

国民党的官员们大发接收财。政府悍然撕毁和平协议。内战风暴即将来临。物价飞涨,民不聊生。

全国民众一致要求"制止内战""实现政协决议""保证人民民主自由"。反动当局对人民的正义呼声置之不理,大肆逮捕、监禁、屠杀爱国进步人士。

人民觉醒了,青年们觉醒了,许多人义无反顾地投身到中国共产党领导的民族解放斗争之中。

1946 年 9 月 11 日深夜,竺可桢在睡梦中被人叫醒。来人交给他一封信,那是女儿竺梅和未婚夫投奔解放区之前写给父亲的。信中,竺梅深为自己临行前不能与父亲兄妹道别而难过。

竺可桢更是惦念文弱多病的女儿。竺梅体质一向很弱,每年冬天都要犯哮喘病,发病时,张大嘴喘气,脸憋得青紫。天气冷了,竺梅去的是北方解放区,她连件过冬的衣服都没带,怎样抵御北方寒冷的天气？竺可桢在为女儿的选择惊喜的同时，又禁不住深深地担忧。他怎么也没想到，从此，他再也见不到心爱的女儿了。竺梅在新中国成立前夕病逝于解放区。

1947年5月，全国爆发了规模空前的"反饥饿，反内战，反迫害"的学生运动，蒋介石大为恼怒，大骂学生"形同暴徒"，决心"断然处置"。

这期间，竺可桢出席联合国教科文组织成立大会后，正在欧美考察。他接到了教育部长朱家骅的急电：

"立即返校，平息学潮。"

竺可桢回到浙大，了解到浙大的学运情况，他并没有按当局的意思对学生采取任何惩罚性措施。

浙江省主席沈鸿烈对竺可桢的态度极为不满，他对竺可桢说：

"之江大学学生不及浙大的三分之一，就开除退学了四五十人，浙大实失之过宽。"

竺可桢当即反驳道：

"学校处置学潮不能用武，学校须以德服人方能令人信服。"

竺可桢始终认为学生绝大部分是优良子弟，他不能赞同之江大学让军警入校抓人的做法。

竺可桢千方百计保护学生，而当局却不会善罢甘休。

竺可桢最不愿意发生的事情还是发生了。10月26日,浙大学生会主席于子三和另外三个学生在校外被特务跟踪,以共产党嫌疑被捕。

知道消息后,竺可桢立即组织营救。他找到省政府、警察局、省党部。他担心这些学生被秘密杀害,要求当局立即放人。他对保安司令竺鸣涛说:"如果你们认为这四个学生有重大嫌疑,应交送法院。如无证据,应由学校保释。"

按法律规定,刑事拘留不得超过24小时。于子三等人被拘留时间早已超过规定,保安司令竺鸣涛、警察局长沈溥却一再推诿拖延。

学生们行动了起来,他们发出警告:限当局立即无罪释放被抓同学或送交法院审理,否则,将全体罢课以示抗议。

竺可桢找到浙江省府,省主席沈鸿烈却告诉他说,于子三已畏罪自杀。

竺可桢悲愤难当,他责问沈鸿烈:

"于子三有何罪?他为什么要自杀?"

沈鸿烈无言以对。

竺可桢立即返校召集校医和学生代表一同赶到保安司令部。他们找到保安司令竺鸣涛,质问于子三的死因。

竺鸣涛说:

"于子三是用玻璃戳破喉管自杀的。"

说着,竺鸣涛找人拿来一块血迹斑驳的玻璃:"讯问时,要他交代策划学生暴动的阴谋,他觉得事情严重,回到牢房没有吃晚饭,在下午6点20分左右自杀身亡。"

竺可桢反驳道:

"你们的说法太离奇了。我了解于子三,他是个品学兼优的好学生,哪有无罪而畏罪的道理?再说,他死在你们看管森严的牢房里,牢房哪来的玻璃?"

竺鸣涛与他的手下面面相觑。

竺可桢接着说:

"不管于子三死因如何,你们都责任难逃。"

这时,已近午夜,夜雾裹着寒气一阵阵袭来,竺可桢由法医陪同前往监狱,查看遗体。

阴森森的牢房里,一股血腥味扑面而来。于子三仰卧在监狱窄小的木板床上,喉管被割裂,颈上、胸前和床上大片的血迹已变成了黑褐色,一双眼睛大睁着,直瞪瞪地仰望着半空……

见此惨状,竺可桢一阵眩晕。从清晨到深夜,他连续奔走于各部门之间,水米未沾。现在,又亲眼看到自己的学生死于非命,悲痛和愤慨一起撞击着他的心,令他几乎昏厥过去。陪同前往的校医忙给他注射了一针强心剂,过了好一会儿,他才缓过气来。

这时,地方检察官拿出一份早已填写好的"于子三于狱中

用玻璃片自杀身亡"的尸检证书,对竺可桢说:

"竺校长,现场你也看过了,请签个字吧!"

竺可桢瞟了一眼证书上的文字,当即拒绝道:

"我只能证明于子三已死,不能证明他是用玻璃片自杀的。"

他在《验尸报告书》上写下了:"在狱身故,到场看过。"

10月30日,于子三被害消息传遍浙大校园,千余名学生冲上街头示威游行。合众社、新华社把这一消息播发到全国各地,笼罩着国统区的白色恐怖首先在杭州被突破。

10月30日夜,杭州宣布戒严。

31日,浙大的教授们集会,竺可桢报告了于子三事件的经过。

学生的无辜惨死激起了教授们的极大愤慨,教授会议发表宣言要求主张公道、保障人权,处理事件责任者。一向不赞成学生热衷政治的老教授拍案而起:

"我就不信我们不能罢教!"

当即,大家一致通过罢教一天。

这是浙大有史以来教授们唯一的一次罢教。

竺可桢又来到了南京,他在司法行政部、教育部等部门奔走呼号,要求他们伸张正义,主持公道。

他还向上海《大公报》《申报》的记者发表谈话,指出对于子三之死,政府当局负有不可推卸的责任。他要求政府查明事实真相,惩办杀人凶手。他对记者们谈道:这一事件的最后结局,将使人们看到,政府是否真的有诚意依法治国,是否真的愿意保障人权。

竺可桢对记者的谈话在报上发表后,当局十分恼火。浙江省主席沈鸿烈电告蒋介石,说竺可桢有意"煽动学潮"。蒋介石接电后,令教育部长朱家骅要求竺可桢在报纸上发表"更正",竺可桢毫不犹豫地回答:

"报载是事实,我无法更正。"

国民党青年部长陈雪屏面对全国各地此起彼伏的学潮,在向国民党中央的汇报中说,学潮的根源"乃在浙大",在于浙大竺可桢这个"国内第一流校长,在学潮中持第三者之态度"。

教育部长朱家骅给竺可桢发来密电:"闻浙大近来又开始罢课,实属目无法纪,不容宽贷。学生自治会应解散,为首滋事者应严惩,所以救浙大,亦所以救全国大学。"竺可桢据理力争:"学生如有越轨行为,学校自然可以处理或解散自治会。否则,做事无根据。"他给朱家骅复电道:"尽快复课,电令暂缓执行。"

黑云压城城欲摧。面对巨大的压力,竺可桢对前来看望他的学生说:

"……宜本过去的理智态度、求是精神,决不以利害得失而放弃是非曲直。"

他在日记里录下了明朝著名思想家王阳明因反对宦官专权险些遭杀害,而被贬谪途中乘舟又遇飓风时所写的一首诗:

险夷原不滞胸中,
何异浮云过太空。
夜静海涛三万里,
月明飞锡下天风。

竺可桢在日记里录下这首诗后,赞叹王阳明在诗中表现出"何等沉毅的大勇"。

在光明与黑暗的激烈搏斗中,竺可桢同样表现了何等沉毅的大勇!

浙大于子三之死引发了全国性大规模的学潮,这是新中国成立前最后一次全国大规模的学生运动,前后持续了近半年的时间。在这场斗争中,竺可桢以一个正直爱国的科学家、教育家的正义感、是非感,出于对学校和学生的责任和爱护,以他对民主、自由的强烈渴望,始终站在斗争的前沿,坚决抵制反动当局对进步学生的迫害。他不顾个人安危,深明大义、追求真理的精神,成为广大师生心目中的一面旗帜。

1948 年 3 月 14 日,于子三在凤凰山安葬,这是竺可桢校长为学生亲自选择的墓址。

那一天,数千名学生胸佩白花,手持挽联、横幅,在学校广场追悼于子三。广场一片素白,回荡着低沉悲愤的挽歌:

我们抬着你的遗体向前走,

走在祖国的土地上。

仇恨的人们听着记着,今天

将烈士埋葬,

他日开出民主之花。

4. 在风雨如晦的日子里

1948 年除夕。

这是一个极为黯淡的春节。

浙大的教职工生活艰窘,无以为继。

他们纷纷来找竺可桢,向学校借钱度日。夫人陈汲也对竺可桢诉说,家中连买菜的钱都没有了。竺可桢苦笑着和夫人打趣:"人们说'巧妇难为无米之炊',这回,看你这个巧妇怎么办?"大年夜,他们全家吃的是霉米饭。

只有天真的孩子不知道发愁,院子里不时传来松松、彬彬和宁宁清亮的笑声。听着孩子们的笑闹声,竺可桢回想起自己的儿时。在故乡绍兴,从腊月二十六祭祖祝福,就开始过年了。孩子们换上了新衣新鞋,天不亮就起来放鞭炮、吃年糕,那是过去的岁月里最快乐的记忆。而如今,面对三三两两脸色青黄前来拜年的教职员工,竺可桢和他们谈起时局,大家只有相对叹息。

这时的国民政府,已陷入严重的政治危机、军事危机和经济危机。货币贬值,物价飞涨,钞票面额最大已达百万。抗战前一石米六七元,如今已涨到五六万元。全国各地都有饥民抢米的风潮发生。号称"天堂"的杭州,市面上商品奇缺,各种食品被抢购一空,大街上不时有抢劫事件发生。

竺可桢多次主持校务会议,研究学校捉襟见肘的经费开支和师生员工的生活问题。一心想抓科研、抓教学的竺可桢不得不面对更为严峻的生存问题。他叹息道:校务会议讨论柴米油盐,恐怕中外教育史也没有先例。

1948 年的紧急校务会议决定,分别派人到杭州周围的萧山、兰溪、富阳等地去购买一批黑市米、高价食油和木柴,以备不虞之需。

为人诚厚、认真的数学系著名教授苏步青,连日奔波在富阳乡下的集市,为浙江大学购回了 130 担劈柴。

国民党为了挽救其军事上的败局,在政治上加强了对广大人民群众的高压政策和法西斯专制。

1948 年 6 月,国民党的《中央日报》上,发表了一篇社论,社论的题目为《操刀一割》。

文中指责浙江大学是京、沪、杭的学潮中心，认为当局必须采取极端手段加以解决，"与其养痈遗患，不如操刀一割"。

这篇社论其实是一个信号，表明反动当局已经对浙大、对竺可桢十分不满，准备动手了。

1948 年 8 月 21 日后半夜，浙大校园一片静寂。睡梦中的竺可桢朦朦胧胧听见几声哨音。

清晨，校警和学生代表来向他报告：凌晨 4 点左右，200 多名军警分乘 5 辆卡车闯进了浙大校园。他们封锁了所有通往学生宿舍的路口，在一些身穿风雨衣、用雨衣帽子遮挡脸面的特务学生的带领下，抓捕了吴大信等三名学生。

竺可桢立即动员一切力量组织营救，除吴大信外，另两位学生获得保释。

这件事发生过后不久，一份教育部的密件摆到了竺可桢的案头。

这是一份关于浙江大学及竺可桢的情报：

"自 8 月 22 日特刑庭拘捕吴大信后……竺可桢甚至包容奸伪匪谍学生之一切非法活动于不问不闻，而对于特刑庭之传讯则加以拒绝。

"……无怪社会人士称浙大为共匪之租界。

"综上各情，浙大当局包容匪谍学生之非法活动，实责不容辞。"

这份情报直指竺可桢,内容咄咄逼人。而教育部却将它送给被检举人竺可桢,用心更是十分阴险。

1948 年 10 月,辽沈战役结束,全歼国民党军 47 万余人。

国民党的全面崩溃开始了。

在急转直下的政治形势面前,每个人都在考虑和选择自己的出路。

1948 年 11 月 13 日,蒋介石的心腹谋士、侍从室二处主任、总统府国策顾问陈布雷因痛感"时局艰难""前途无望",服安眠药自尽。

竺可桢在杭州九溪参加了陈布雷的葬礼。

陈布雷与竺可桢是同乡,也是绍兴人。早在辛亥革命时期,他在上海办《天铎报》《商报》宣传民主革命,名噪一时,被称为"如椽大笔,横扫千军"。但自从他跟随蒋介石后,正派的文人品格与"士为知己者死"的效忠思想始终使他处于矛盾痛苦中,最后走上了"自绝人寰"的道路。

竺可桢由陈布雷力荐而被任命为浙大校长。他出任校长一职后,与朝气蓬勃、富于革命精神的青年学生朝夕相处,目睹了国民党的腐败,最后追求民主、进步,走上了与陈布雷截然相反的道路。

1948 年 12 月,南京政府指示各大学准备"应变"迁移。

浙江大学在全校教职工中进行了调查,96%的教职工反对迁校。12 年前,为了抗战,全校师生不畏艰难,四迁校址。如今,全校师生团结一致,反对南迁。

有人告诉竺可桢,国民党特务手中有两份黑名单,一份是"反动分子"名单,一份是所谓"和平分子"名单,竺可桢的名字列在后一名单中,他已被国民党列入"另册"。

1949 年元旦,竺可桢收到了"中国共产党杭州工作委员会"的新年贺信,贺信中希望他坚持工作,保卫人民财产,参加新中国建设。

在这风雨如晦的日子里,竺可桢下决心留在学校等待大变革的到来。

决心下定,心情反而平静了。

竺可桢每天除了公务之外,把时间都用在读书和研究学问上。他查阅资料,讲演《地缘政治学与世界霸权》;他拟写《18 世纪末中国之人口压力及马尔萨斯所倡之学说》,在研究这一问题时,他还把清代学者洪亮吉有关人口问题的论述《意言·治平》译成英文。

4 月 28 日,当时的教育部长杭立武从上海来电,要竺可桢"尽快莅沪",并称"教授愿离校,到沪后可设法"。接着,催促的电报又接踵而至:"有要事相商,速来沪。"

竺可桢到了上海,果然不出所料,杭立武是要他尽快去台湾或广州,竺可桢当即拒绝。他托回杭州的人转告夫人陈汲,他决不去台湾或广州,请她放心。

竺可桢留在了上海。他避开了一切耳目,住在朋友家中。偶尔,他打开报纸,只见报纸上赫然登着:"竺可桢已飞往台北。"他笑了一笑,把报纸扔在了一边。

一天,竺可桢外出,遇到了正四处找他的蒋经国。

蒋经国对竺可桢说:"家父从舟山派我来上海,就是专诚迎接先生去台湾。"

竺可桢婉拒道:"经国先生,历史兴替,大势已去,台湾能维持多久?"

竺可桢还劝蒋经国说:"依我看,您也不必去台湾了。"

蒋经国没想到竺可桢会是这种态度,悻悻地说:"人各有志。"

两人不欢而散。

5月25日,上海解放了。

清晨,竺可桢走上街头。淡淡的晨光下,年轻的解放军战士席地而坐,纪律严明。

他兴奋地来到闹市区,只见沿途人山人海,欢迎解放军的群众排成了人墙。人们敲锣打鼓,兴高采烈,女学生把鲜花插上了解放军的衣襟。

5月27日,上海解放的第三天,竺可桢在日记中写道:

"当年国民党自广州出师北伐,人民也像今日一样欢腾。但国民党自己不振作,包庇贪污,赏罚不明,才造成今日的倾覆。

"解放军之来,人民如久旱之望云霓,希望能苦干到底,不要如国民党之腐化。科学对于建设极为重要,希望共产党能重视之。"

竺可桢怀着欣喜和希望,带着几分陌生和迷惘,迎来了新的岁月。

五

随着中华人民共和国的成立,竺可桢的人生历史掀开了新的一页。他出任中国科学院副院长,挑起了领导全国科学事业的重任;组织全国自然资源综合考察工作,踏遍青山人未老;加入中国共产党;写出重要的学术著作;受到毛泽东主席的邀请。这是竺可桢一生中最光彩的时期。

1. 60 岁开始的新生活

1949 年 10 月 1 日,北京。

毛泽东在天安门城楼上向全世界庄严宣布:中华人民共和国成立了! 中国人民从此站起来了!

竺可桢作为政治协商会议代表登上了高高的天安门城楼。他观看着气势宏大的阅兵式和群众游行,情不自禁地浮想联翩。

半年前他辞别妻儿,吉凶未卜去上海,到如今不过半年时间。可这期间，无论是他个人的生活，还是社会生活，都发生了天翻地覆的变化。

他想起上海市人民政府成立后，陈毅出任上海市市长。竺可桢早就听说陈毅不仅是一位骁勇善战的将军，还是一位才情勃发的诗人。他接到了出席陈毅主持召开的文化科学界人士座谈会的邀请。座谈会上，陈毅市长阐述了共产党对知识分子"团结、教育、改造"的政策，并希望知识分子能充分发挥自己的作用，为新中国建设服务。竺可桢在日记中写道："这些讲话是极其合理的，我看到了自己的未来。"

他又想到，7月份全国科学工作者代表大会召开，他接到请帖后，顾不上回杭州看看久别的妻儿，直接从上海赶到北京。在筹备会召开的那天晚上，周恩来还专门邀请竺可桢和其他几位科学家共进晚餐，征询他们对这次科学工作者会议的意见，详细阐述目前的政治局势和政府拟采取的措施，还谈到全国各地的灾害情况及克服困难的办法。这些谈话，使他深切感受到共产党领导人与国民党的截然不同。

他还想到，作为全国政协委员，在中国人民政治协商会议上，当讨论《共同纲领》草案时，他提出了自己的意见：在纲领中应增加努力发展自然科学这一条。这一提议受到重视并获得通过。他欣喜地看到，纲领中第四十三条增写了"努力发展自然科学，以服务于工业、农业和国防建设，奖励科学的发现和发明，普及科学知识"。

眼下的一切,不禁让他感慨万千。

半年前,他只身出走离开杭州。如今,他站在这人如潮、旗如海的天安门城楼上。数月前,他处在风雨飘摇的国统区,苦闷、焦虑、彷徨,前途不明。如今,他和全国人民一起庆祝新中国的诞生,兴奋、欣慰、自豪,百感交集。

年届花甲的竺可桢,生命掀开了新的一页。

2. 过春节

刚刚解放的新中国,迎来了第一个春节。

1950 年 2 月 17 日,是旧历正月初一。这一天恰好是竺可桢的生日。

吃过早饭,小女儿松松像只小鸟一样在竺可桢身边蹦来蹦去:

"爸爸,妈妈说您要带我们去公园?"

竺可桢慈爱地笑着说:

"今天咱们一起去北海公园。我有一位朋友在那里,你会在他那儿看到许多有意思的东西。"

竺可桢家住地安门,离北海公园很近。踏着地上零零星星的鞭炮纸屑,竺可桢和夫人陈汲、小女儿松松来到了北海团城,去看望了科学史专家、科学院文物研究所研究员王振铎。

竺可桢历来十分珍视中国古代的发明创造，重视对科学文物的整理研究。王振铎对中国的科学文物有很深的研究，在他的介绍讲解中，竺可桢兴致勃勃地观看了王振铎依据史料的记载所制作的指南车、计里鼓模型。

从团海出来，已时近中午。北海银白的冰面与素洁的白塔交相辉映，十分美丽。身穿过年新衣的孩子们在冰湖上穿梭般滑行，一阵阵清亮的笑声不断传来。

看着眼前的情景，竺可桢禁不住跃跃欲试。竺可桢十分喜爱滑冰这项运动，每当他轻捷地滑行起来时，根本看不出他已经是一位花甲之龄的老人。因为这天出来是为了访友，谁也没想起来带冰鞋，竺可桢只得作罢。他拉着陈汲和松松的手，从结冰的湖面走过。松松一边走，一边试探着往前滑，好几次，她差一点把竺可桢拽倒。陈汲一边笑，一边嗔怪着松松。

初二，中国科学院在协和医科大学礼堂召开中苏友好同盟互助条约庆祝大会及春节游艺会。大礼堂里座无虚席，演出的节目有京剧清唱、笛子独奏、钢琴独奏，独幕话剧《把眼光放远点》，还有协和医院的腰鼓表演。竺可桢在这里与大家一起欢度春节。

初三，竺可桢带松松到厂甸玩儿。

厂甸是老北京旧历年间最热闹的集市。那时候，这里的古董、瓷器、玩具、小吃，样样俱全。如今来到这里，一眼望去，市面上仍然很红火，但早年间的那些古董都不见了踪影。摊贩叫卖的多是些气球、小风车、小金鱼儿、小吃等小孩子的玩意儿。

转了一大圈儿，竺可桢给松松买了一大串糖葫芦。这糖葫芦由十几颗山楂果穿成一大串，糖稀亮晶晶地冻结在山楂上，圈起来呈半圆形。松松兴高采烈地举着这硕大的糖葫芦，像举着一串亮闪闪的花环。

回到家中，恰逢郭沫若、于立群夫妇领着孩子来竺可桢家拜年。

在中国科学院，院长郭沫若这位博古通今的文学家、历史学家对竺可桢十分尊重。他曾对人不止一次地谈道：竺可桢为人正直，做事认真负责，不愧是位大科学家。他亲昵地称竺可桢为"竺老夫子"。

郭沫若在注释毛泽东关于庐山和娄山关的诗词时，曾就其诗词中所涉及的地理位置、自然环境等问题，向气象学家、地理学家竺可桢请教。

三天年假很快就过去了，在竺可桢繁忙的日程中，这是难得的轻松日子。

中国共产党的信任，新中国建设的需要，把竺可桢推到全国科学事业的最高领导岗位上。

1949年后新组建成立的中国科学院，院长为郭沫若，副院长为李四光、陶孟和、竺可桢。

中国科学院建院初期,工作头绪繁多,百废待举。当时,主要任务是接管北京、上海、南京三个地方新中国成立前中央研究院和北平研究院的机构,安排落实各机构的人选,制定各机构的方向任务,建立健全规章制度,等等。

在这过程中,竺可桢付出了大量的心血和精力,做了大量深入细致的工作。他熟悉中国科学界的状况,和科学界、教育界人士有着广泛的联系。同时,他的学术成就和人格品行在知识阶层中享有很高的威望,所以,工作开展得卓有成效。

3. 繁忙的一天

这是个星期天,和竺可桢就任科学院副院长以来的许多个星期天一样,这是繁忙而有序的一天。

清晨 6 点半,竺可桢起床来到院子里,开始了晨练。这是他从上中学就养成的习惯,几十年从未间断。即使在迁居贵州山区的那些艰苦日子里,他也坚持每天进行至少一个小时的锻炼。遵义有山、有河,他就因地制宜,或爬山,或游泳。在他担任浙大校长期间,他规定:在校学生每学期必修体育课,凡体育不及格者,一律不能升级、毕业。

他担任中科院副院长后,有一次从北京到广州出差。行驶了一夜的火车天亮时停在一个小站,竺可桢迅速下车,找了一个人少的地方,做起了广播体操。一套广播体操做完,他看看表,用了5分钟时间,离开车还有3分钟。正当同行的人焦急地寻找他时,他已消消停停地回到了车厢。刚刚坐稳,火车就开动了。

竺可桢的秘书清晰地记得,他头一次见到竺可桢,刚交谈了没几句话,竺可桢就问他:"你会游泳吗?"秘书回答:"不会,但是喜欢。"竺可桢说:"你应该学会。"相处时间不久,这位秘书就了解到,竺可桢即使在数九隆冬,也要坚持游泳。在竺可桢的感染下,这位秘书很快学会了游泳,成了一位游泳爱好者。

坚持锻炼使他保持了旺盛的体力和精力。这个星期天的早晨,他打了一套太极拳,轻松地吁出一口长气,一看时间还早,就又捧起了俄语教材。

新中国成立初期,西方国家对我国实行经济封锁。苏联是世界上最早的社会主义国家之一,中国只有与苏联加强往来,以寻求经济技术援助和社会主义建设的经验。

竺可桢年轻时在美国留学,他精通英文,还自学了德文和法文。新中国成立后,为了更好地向苏联学习,全国的学校都开设了俄语课,竺可桢也开始学习俄语。

年初,他的老朋友、著名的桥梁专家茅以升为他介绍了一位俄籍教师,竺可桢坚持每周4小时的俄语学习时间。每天清早,只要没有别的事情,他总是一边听俄语唱片一边跟着读。

竺可桢已年过六十,接受一门全新的语言并不是一件很容易的事。但他用心专一,锲而不舍,经过一段时间的努力,他已可以翻着俄语辞典阅读俄文著作了。

吃过早饭,按提前约定的时间,他乘车来到地安门外辛寺胡同4号,会见教育部的有关领导,商谈一些专家的人事调动问题。

竺可桢在担任中国科学院副院长职务的同时,还兼任科学院计划局局长。他组织对全国的自然科学专门人才进行了调查。根据各方面的专家推荐,中国当时有相当学术成就的自然科学家为865人,其中174人在国外。他就像当年为浙大努力延聘有影响的教授一样,想方设法敦请这些科学家来中国科学院工作。

为了让地质学家尹赞勋到科学院地质研究所来工作,竺可桢多次拜访当时的地质部部长何长工。

当科学家叶渚沛、汪德昭从国外归来时,竺可桢设家宴接待他们,邀请他们到科学院工作并对他们委以重任。

这个星期天,他就是为了贝时璋、王淦昌、童第周、钱崇澍、夏鼐等专家的工作问题而四处奔走。因为这些专家当时分别在浙江大学、复旦大学和山东大学任教,所以需要与各个方面协商,才能把他们一一调入中国科学院。为个人的事情从来不找人的竺可桢，为中科院延揽人才却到处奔波。他不仅要为他们的工作安排操心，还要为他们的工资待遇、家属的安置、住房的落实而尽心竭力。

这个星期天又要过去了，竺可桢习惯地拿出日记本记下这一天的天气状况和主要事情。这是竺可桢在美国留学时养成的习惯，几十年如一日地坚持了下来。一天不记，他就会觉得少做了什么似的不自在。哪怕出差在外，也从不间断。

记下当天的主要事情后，他随手翻阅着前些天的日记，一件心事又沉甸甸地涌上心头。

这一年的3月5日，是浙大著名教授费巩失踪5周年的日子。5年的时间过去了，竺可桢从没忘记这件事。前些天，他见到了专程进京的费巩的亲属，据他们多方调查了解，确信费巩是被国民党三青团的头子康泽秘密杀害。

竺可桢得知此消息后，曾给周恩来总理写了一封信，因为周总理以前曾向竺可桢问询过此事。竺可桢向周总理汇报了这一信息后，恳切地希望周总理能委派有关方面人员调查落实，使此事有一个确定的结论，以此为死者昭雪，告慰生者。

合上日记本，竺可桢想到周总理日理万机，不知这封信他是否能收到。他又打开日记重新记上这件事，提醒自己下次开会时见到周总理，一定要向总理面谈这件事。

4.踏遍青山

几年时间过去了,中国科学院的工作有了长足的发展。

到 1956 年初,中科院研究机构由建院初期的 16 个,发展为 44 个;科研人员从开始的 219 人增至 2496 人,其中副研究员以上的高级研究人员就有近 400 人。一批又一批的科研成果,为祖国的社会主义建设事业做出了积极的贡献。

正当大规模的经济建设在全国展开时,一场"反右"斗争风暴席卷全国。许多知识分子在这场运动中受到了巨大的冲击。他们被打成"右派分子",有的下放到农村,有的被关押到劳改农场,还有的被监督改造。竺可桢的大儿子竺津也被打成"右派"被送去劳改,他的一些朋友和学生也没逃过厄运。

对这一切,竺可桢感到十分困惑。但作为一个党外人士,这时期他已不能参与更多的意见。他把自己的全部精力,投入到对国家自然资源综合考察的组织领导及学术研究中。

当时,竺可桢任中国科学院综合考察委员会主任。他认为,早期考察应以普查为目的,主要考察对象是边疆一带待开发地区。第二阶段的考察应由普及转向重点深入,进入实验研究阶段。届时,有必要运用新的技术装备,对长江流域、黄河流域的土壤、柴达木盆地的盐湖,沙漠的治理以及南水北调工程进行专业考察。

在竺可桢的日记上,记下了他踏遍青山的足迹。

1957 年 2—3 月,竺可桢会同中国科学院、林业部、农业部的有关专家和苏联专家一行 40 人,到海南岛考察橡胶和其他热带经济作物的种植生长状况。

1957 年 7 月,竺可桢带领中国科学家 16 人,和苏联专家一起,沿黑龙江而上。整整一个月时间里,他们对中苏两岸的 11 个城市进行考察,提出了黑龙江水力资源开发的方案。

1958 年,竺可桢到新疆考察。他乘坐一辆吉普车,穿越了茫茫戈壁和沙漠,足迹遍及全新疆,行程超过 4000 公里。

1959 年,竺可桢四次到西北沙漠地区考察。从此,以中国科学院治沙队为主体在西北建起了沙漠定位试验站,开始了科学治理沙漠的工作。

走遍各地,竺可桢的心感到越来越沉重。生态环境所遭到的严重破坏使他双眉紧锁,原本就沉默寡言的他更加沉默不语。

在美丽的海南岛他看到,由于乱砍滥伐,当地除了椰子树和橡胶树外,再看不到比碗口更粗的树木。号称"天然植物园"的南国海岛,远远望去,山峦呈现出一片灰黄的颜色,好像是华北干旱地区的荒山。

在云南的西双版纳他看到,远古时期的刀耕火种延续几千年,至今在这里还是十分普遍的耕作方式。田野里,白天烟雾弥漫,夜里火光熊熊,令人触目惊心。大面积的盲目开垦,造成了水土的严重流失。

在北国的黑龙江他看到,苏联境内森林茂密,林中湖泊水光潋滟,水鸟翻飞,而中国境内则是光秃秃一片,林中湖水荡然无存。完全相同的自然条件、气候环境,却呈现出完全不同的自然景观。

在开阔的河西走廊,他亲眼看到植被被破坏的情景。兰新铁路旁本来以种植红柳而著名,可如今红柳被大量砍伐,每年人们割红柳一千多万斤。红柳是固沙植物,割去红柳,风沙肆虐。流沙不仅袭击了农田和村舍,还肆无忌惮地向世界闻名的艺术宝库敦煌石窟进逼。竺可桢在心里默默记下一个数字:每过半小时,这里就有 7 辆卡车满载被砍伐的红柳呼啸而去。

在内蒙古的巴丹吉林、毛乌素沙漠,眼望着无边的大漠,他不禁想起了那首著名的北朝民歌:"敕勒川,阴山下,天似穹庐,笼盖四野。天苍苍,野茫茫,风吹草低见牛羊。"他对随行人员说:"从这首诗中可以看出,当时的西北,还是水草肥美的大牧场。自然界的万事万物是相互制约、相互影响的,我们切不可违背自然规律行事。否则,破坏了自然界的生态平衡,森林被砍伐变成了草原,草原被破坏变成沙漠,其后果是不堪设想的。"

竺可桢在各种场合呼吁,希望各级政府要重视生态环境,切忌乱垦乱伐,防止水土流失和土地沙漠化的加剧。

在中国科学院一次院党组扩大会议上，竺可桢做了长达一个半小时的大会发言。他结合综合考察过程中的第一手资料，全面阐述了对当时农业生产的意见。

在我国近三千年的农业生产历史中，汉族只注重发展农耕业，不重视畜牧业和林业。汉字中的"男"是由"田"字和"力"字组成，古代男子的主要任务就是在田地里劳作。几千年延续下来，草原被滥垦滥伐，引起了风沙弥漫。黄土高原也因开垦过度而造成植被严重破坏，水土流失，给黄河中下游带来灾难。

竺可桢说："'前车之覆，后车之鉴'，我们的东北和内蒙古地区的草原不能重蹈覆辙。应该使草地成为牛、马、羊、骡的乐园。

"利用山地应该以森林种植业为主，如一味大面积开垦，必定造成严重的水土流失，使肥沃的土壤任风吹荡，从空中飘浮进大海。"

竺可桢根据自然资源综合考察的结果，在全国人民代表大会上呼吁开展自然资源保护工作，呼吁在全国范围内建立自然保护区，实现大自然的生态平衡。

他明确指出，在年降雨量不足 350 毫米的干旱地区，坡度超过 35 度的山坡以及大江大河的上游地区应该绝对禁止开垦砍伐。

他依据自己野外考察的第一手资料，写作并发表了《雷琼地区考察报告》《要开发自然必须了解自然》《新疆纪行》《让海洋更好地为社会主义建设服务》《向沙漠进军》等科普文章。这些文章深入浅出，内容丰富，说理透彻。《向沙漠进军》一文，至今仍是中学语文教材中的范文。

为了科学考察，竺可桢丢下了个人的一切事情。长时间的野外作业中，他谢绝了对他的各种照顾，亲自观察掌握第一手资料。

外出时，他总随身携带四件宝：照相机、罗盘、气温表和高度表。每到一个地方，他先拿出罗盘，定好方向，然后用高度表测量海拔高度，用气温表测量温度，再用照相机拍摄下来植物生长状况和自然生态环境，以留作研究资料。

考察中，他把个人安危置之度外。在黑龙江流域考察原始森林时，他踏入丛生的杂草，不顾扑面而来的蚊叮虫咬。在黄河流域考察黄土高原被侵蚀状况时，他在滚滚浊流中乘小船顺流而下，小船搁浅漏水，一船人险些遇难。在川西高原勘察南水北调引水路线时，他和年轻的考察队员们一起，登上海拔 4000 米的高山，深入到狭窄的河流谷底，不顾随时可能发生的泥石流和山体滑坡的危险。在新疆考察时，越野汽车几次在茫茫戈壁滩上抛锚，他忍着饥饿寒冷在汽车里过夜，听见不远处传来凄厉的狼嗥。

当年随同竺可桢参加综合考察的年轻人，如今都已是年过花甲的科学家。他们至今仍难以忘怀和竺可桢一起参加科学考察的日日夜夜。竺可桢为他们树立了科学探索、不畏艰险的榜样,是他们献身科学的领路人。

令人感慨万千的是,以竺可桢为代表的科学的声音,在那个年代并没有得到应有的重视和回应。

中国的五六十年代,是一个"以阶级斗争为纲",任意夸大"人的因素第一"的年代。特别是在1957年反右斗争和1958年"大跃进"之后,许多工作严重脱离了客观实际。著名经济学家马寅初先生提出节制人口的理论横遭批判,竺可桢呼吁保护自然生态环境的建议也不可能得到重视。

在全国人大的一次会议上,某省的一个主要领导登台发言,大力宣扬毁林造田,以增加耕地面积。竺可桢听了感到十分惊骇,忧心如焚。

到了十年"文革"时期,这种违背自然规律的愚昧现象更是比比皆是。"围海造田""围湖造田""屯垦戍边""向荒山要粮食"……科学与理性被无知与蛮干所代替,而视科学为生命,以"求是"为原则的竺可桢此时更是回天无力了。

5. 心底深处的伤痛

1961年1月20日,竺可桢的大儿子竺津(字希义)作为一名被强制劳动改造的右派分子,在劳改农场逝世,年仅 40 岁。

竺津是竺可桢钟爱的孩子,他从小就聪颖、好动,深得竺可桢和张侠魂的喜爱。1938 年,浙江大学迁移到江西,竺可桢一家住在江西泰和。竺津高中刚刚毕业,正是日军大举入侵、国难当头的日子。当时,竺可桢已为他联系好了大学让他报考,可竺津却毅然投笔从戎,在江西吉安考进了中央军校。尽管竺可桢非常希望自己的孩子能够接受完整的高等教育,但他认为孩子的选择表现出了可贵的爱国主义感情,也就表示支持。

竺津军校毕业后,在军队任无线电班长和骑兵排长,在广西对日军的战斗中,表现英勇,受到表彰。

抗战胜利后,竺津又一次面临着生活道路的选择。当时,凭着竺可桢的社会影响和社会地位,完全可以为竺津安排个好的出路。但竺津却向父亲表示,他想靠自己的努力取得社会的承认。竺可桢对他的这种独立奋斗精神表示赞赏。于是,竺津被分派到国防部二厅任职,做文职工作,一直到新中国成立。

新中国成立后,竺津被人民政府分配到中学任教,教授数学和英语。

竺津生活俭朴,为人耿直,从不会阿谀奉迎,在学校里无论与同事还是与学生都相处得很好。他工作认真,拥护中国共产党的领导,认真学习政府的各项政策,所以很快加入了中国共产主义青年团。他的弟弟竺安后来回忆说,竺津每次从南京到北京来探望父母亲时,常就当时国家的一些重大事件如土改、公私合营等问题和竺可桢讨论。

1957 年的夏天,是一个非常郁闷的季节。随着反右斗争的扩大化,许多积极响应上级党组织的号召、向党提出批评建议的正直知识分子,被打成了"右派"。竺津所任教的那所中学为了完成上面分配的"右派定额",联系竺津曾有过在国民党部队任职的经历,就把竺津打成了历史反革命和右派分子。瘦弱的竺津戴上了两顶罪恶的"帽子",被开除了公职,送到劳改农场劳动改造。

竺可桢得知竺津被打成右派的消息后,心情十分沉重。他共有 6 个孩子,3 个儿子 3 个女儿。二儿子竺衡和爱妻张侠魂因病死于抗战时期的动荡迁徙之中;大女儿竺梅 1946 年投奔解放区参加革命,1948 年因哮喘病发作缺医少药不治,在大连去世。如今,钟爱的长子又落入这样的境地,可他作为父亲却无能为力。

作为父亲,他爱自己的儿子。他悔恨自己为什么不早提醒心直口快的儿子,说话要注意影响,言行要谨慎。

可他又不仅仅是父亲,他是中华人民共和国最高科学机构的领导人。在那个大讲特讲阶级斗争的岁月,他怎能不时时处处按党组织的要求行事,站稳阶级立场,和"右派分子"划清界限。

他把痛苦埋在心底,通过种种渠道保持与儿子的联系。他写信给儿媳,在安慰鼓励她好好生活的同时,还不时寄钱去予以接济。他让小儿子竺安为竺津邮寄书刊,以抚慰儿子在苦役中的心灵。

对儿子的境遇他无能为力,可他对那些同时期被打成右派分子饱含冤屈的科学家,却竭自己所能援之以手。

化学家袁翰青被打成右派后,被迫离开了中国科学技术情报研究所的领导岗位。竺可桢知道后,立即以工作需要为由,请他到自己领导的自然科学史研究室工作,期待他发挥专业特长,在化学史的研究中做出成绩。

物理学家束星北,原是浙江大学的一级教授,新中国成立后调到青岛从事海洋研究。他被打成右派后,竺可桢除了给予他家经济帮助外,还写了许多信给他,鼓励他继续致力于科学研究。

许多年过去了,白发苍苍的老教授忆及当年还禁不住泪流满面。

在劳改农场的竺津度日如年。歧视和凌辱折磨着他的精神,高强度的劳役摧毁了他的健康。他患了血吸虫病,骨瘦如柴,腹胀如鼓,奄奄一息。1959 年 5 月,他被保外就医。在家治疗了 3 个月,病情刚有好转,就又被迫回到劳改农场。劳改农场根本谈不上治病养病,竺津的病情日趋加重。再加上 1960 年、

1961 年遍及全国的大灾荒,饥饿、劳累一起袭来,竺津肝硬化病危,吐血不止。1961 年 1 月 20 日深夜在劳改农场去世。

老年丧子是人生之大不幸,可竺可桢在得知竺津去世的噩耗时,却几乎没有流露自己的感情。无论是家里的亲人,还是他身边的工作人员,从没听他提及过此事。在那些日子里,只见他没日没夜地工作,为科学考察事宜从北京飞武汉再飞广州,原本瘦削的他更显消瘦。

可是,有谁知道他内心深处的哀痛?有谁知道他在旅途中连日彻夜难眠?

1961 年 2 月 20 日,是竺津去世整一个月的日子。这一天,竺可桢在日记中写下了一首七律:

哭希文

辛丑年正月初六

忆汝十六气峥嵘,

投笔从戎辞母行。

杀敌未成违壮志,

读书不遂负生平。

失言自知咎应得,

却毒无方腹疾婴。

痛尔壮年竟早逝，

使我垂老泪盈盈。

这首诗，是竺津生平的概略描述，也表述了竺可桢对儿女的舐犊深情。

那天夜里，竺可桢躺下后，朦朦胧胧中做了一个梦。梦中，恍恍惚惚是早年全家在杭州城居住时的光景。去世的三个儿女那时年纪尚小，围绕在父亲身旁欢笑着追逐打闹。竺梅还是那样文弱秀气，竺衡身着童子军的短衫短裤，顶数大儿子竺津最淘气机灵，他追弄着弟弟妹妹，一会儿也安静不下来。竺梅、竺衡一边跑，一边躲闪，他们又笑又叫："爸爸，你管不管哥哥！"

竺可桢从梦中醒来，泪水顺着脸颊流到枕头上，这又是一个不眠之夜……

6.72 岁的新党员

无论是家庭的不幸和伤痛，还是社会上的风风雨雨，竺可桢从未动摇过对社会主义和共产党的信念。

竺可桢执着地相信，新中国各项事业的胜利，特别是科技事业的发展是中国共产党领导的结果。他认为，只有参加到中国共产党的队伍中，把党的事业和科学事业紧密结合在一起，才能更好地发展中国的科学事业,实现自己平生的愿望。

1962年6月4日,中国科学院办公厅秘书处党支部举行党员大会,讨论并通过了竺可桢要求加入中国共产党的申请,吸收他为中共预备党员。

竺可桢的一生,经过了晚清封建时期,经过了军阀混战和国民党统治时期。作为一位饱经忧患、出淤泥而不染的正直的科学家,他原本一直持有科学救国的信念。他对国民党的认识,也经历了从希望、怀疑到彻底失望的过程。新中国成立后,从祖国的社会面貌到经济建设的巨大变化中,他增进了对中国共产党的认识和感情,逐步从一个爱国的民主主义知识分子转变为一个共产主义者。

在《入党志愿书》中,竺可桢认认真真地写了一份近2万字的自传。在自传中,他回顾了自己思想变化的过程。他谈道,自己人生观的形成,明显地受科学救国、贤人政治、个人奋斗主义和人性本善这些资产阶级民主主义思想的影响。而新中国成立以来日新月异的巨大变化教育了他,使他认识到,只有共产党才能代表全国最广大人民群众的利益,只有社会主义才能救中国,他开始树立了共产主义的人生观。

竺可桢的入党介绍人是中国科学院党组书记张劲夫和院机关党委书记郁文。

支部大会上,郁文介绍了竺可桢的情况,竺可桢宣读了自己的《入党志愿书》。党员们在讨论中纷纷谈道,竺可桢的道路,是一个爱国主义知识分子不断探求真理的道路。特别是新中国成立后,在担任了中国科学院的领导工作后,他把自己所有的一切都献给了中国科学事业的发展。他博学多识,克己奉公,生活俭朴,关心中国的科学事业胜过了关心一切,关心群众胜过了关心自己和亲属。

竺可桢严格要求自己,严格要求自己的子女亲属。要求他们要自食其力、艰苦朴素。他的子女亲属从未享受过他的任何特权。

抗美援朝时期,他将以前存在美国用以购买外文书刊的5000美元全部捐献给了国家。

新中国成立后,组织上曾给竺可桢派了一名警卫员。可他认为自己不需要警卫,常常要这名警卫员去帮助别人工作。当他知道这名警卫员来自农村,文化程度很低时,就给警卫员买来书本纸笔,教他学习文化。

党支部邀请了许多党外的著名科学家参加竺可桢入党的支部大会,如吴有训、华罗庚、严济慈、尹赞勋等。他们在会上也发了言,他们向竺可桢表示祝贺,并表示也要争取早日加入中国共产党。

吸收竺可桢入党,对于密切中国共产党和广大知识分子特别是著名的科学家的关系产生了良好的影响。

支部大会就要结束了,会场的气氛十分热烈。中科院院长郭沫若格外高兴,诗兴大发,为纪念竺可桢加入中国共产党,成为无产阶级先锋队的一员,他即兴赋诗一首:

雪里送来炭火,
炭红浑似熔钢。
老当益壮高山仰,
独立更生榜样。

四海东风骀荡,
红旗三面辉煌。
后来自古要居上,
能不发奋图强?

一九六二年六月四日

郭沫若

竺可桢入党后,认为自己已是无产阶级的一员,应该更加严格地要求自己。他在南京珞伽路有一幢小楼,那还是在抗日战争爆发前,竺可桢通过银行贷款方式修建的。新中国成立后,竺可桢在南京工作的子女住在里面。竺可桢决定不保留任何个人名义下的财产,他坚决要求把这幢楼房捐献给国家。

他对住在这幢楼房中的孩子说:你们没有住处,仍可以居住在这里边。但是,你们住几间,就要按国家的规定向有关部门逐月交纳几间的房租。

他还把自己故乡绍兴的竺家老宅也捐献给了国家。

7. 厚积薄发的《物候学》

人们都知道,一年分为春、夏、秋、冬四季。

人们还知道,季节的划分有各种不同的方法。

根据地球围绕太阳转动的位置,把一年均匀地分成冬至、夏至、春分、秋分四个时段,称为天文季节。

根据大气环流和气候要素划分的季节,称为气候季节。

根据物候现象划分的季节,称为物候季节。物候季节的划分对农业生产具有特殊的意义。

物候学和气象学是姊妹学科。

气象学观测和记录一个地方的冷、暖、晴、雨,风云变幻,了解气候变化的原因和趋势。

物候学记录一年中植物的生、长、荣、枯,动物的南来北往,了解气候变化对动、植物的影响。

那么,究竟什么是物候学呢?

物候学就是研究自然界的植物、动物和环境条件周期变化关系的科学。研究物候学是为了认识季节变化的规律,为农业生产和气象学研究服务。

观测物候,在我国具有久远的历史,而使物候学成为一门专门的学科,竺可桢堪称开创者和奠基人。

早在先秦时期,我国农民就根据他们观察到的自然现象,划分制定出一年的二十四节气。如惊蛰、雨水、小满、小暑、大暑、白露、霜降、小雪、大雪等,节气的划分直接表现了气候特征。但是,这些节气概括的气候特征仅仅适用于黄河中游地区,它既不能代表广阔的黄河流域的气候特征,更不能代表全国各地千差万别的气候状况。

竺可桢认为,应该在全国各地开展物候观测,然后依据这些观测结果,编制出各地的自然历,以做出不误农时的物候预报。

早在 20 世纪 20 年代初,竺可桢还在南京的东南大学执教时,就开始了对物候的观察。从那以后,尽管四处迁徙,生活动荡不安,可无论走到哪里,竺可桢都在日记中坚持做物候记录:

1935 年 5 月 24 日　（杭州）

晨阴,有阳光。金丝海棠盛开,代代花多落,东面一枝正开。桐花落。

1942 年 3 月 29 日　（北碚）

油桐多已开花,温泉海棠将谢,山梅花盛开,今晚又闻杜鹃。

1948 年 3 月 28 日　（杭州）

院中迎春花尽落,柿树见芽,玉兰舒叶,桃花落尽。

…………

在那些颠沛流离的日子里,他记录这些物候现象不是出于闲情逸致,不是借物抒情,甚至也不是为了搞研究。因为当时的社会环境和他个人的境遇都不具备搞科研的条件。他做这些记录更多的只是出于一个科学家的行为习惯,对待客观事物真实记录的科学态度。

新中国成立后,竺可桢定居北京。工作、生活相对比较安定,他开始了对物候学较系统、深入的研究。

从 1950 年开始,竺可桢每天在早晨上班之前和下午下班之后出现在北海公园。他早晨从公园的北门进去,然后从公园的南门出来;下午则从公园的南门进去,再从北门出来。日复一日,经年累月。连公园里看大门的人都知道,如果哪一天他没有到公园来,那一定是他出差到外地去了。

竺可桢每天去公园,不是为了观赏景物或散步游玩,而是为了定时定点观测物候。年复一年的冰融花开、絮飞燕来,这每一个物候现象发生的时间、地点、特征都被他认真地记录在册。

那时候,竺可桢的家住在北京地安门东黄城根,中国科学院院部则在北海的西南角。每天准时准点,竺可桢乘坐着接送他上下班的小汽车来到公园门口,下车后横穿公园而过,司机则把汽车开到公园的另一个门口等着他。

观测物候,必须持之以恒,不能间断。而竺可桢的工作却十分繁忙,除了科学院的工作外,他还有许多社会兼职。最多时,他的社会兼职曾达20余个。这一切,都占据了他大量的时间。但竺可桢无论多么忙,都从未中止过物候观察和记录。

日复一日地漫步在北海公园,竺可桢感受到了季节更替的细微变化。

初春时节的北海,坚冰开始融化,天空中有南来的雁行。

仲春时节,榆树开花了,杏树开花了,玉兰开花了,红的红,白的白,空气中弥漫着一股甜丝丝的气息。

暮春时节,桃花谢了,杏花落了,枣树开始发芽,紫荆悄悄地开花。燕子叽叽喳喳地叫着,箭一般地飞来飞去衔泥筑巢。当布谷鸟的一声声啼叫响彻晴空时,天气就进入初夏了。

那是个初夏的夜晚,竺可桢从书房走了出来。他摘下眼镜,轻轻按摩着鼻梁,若有所失地问夫人陈汲:

"你听到布谷鸟的叫声了吗?"

"你没有听到,我就更没有听到了。"陈汲笑道。

"为什么呢?"竺可桢不解地问。

"因为你的听觉比我灵敏,每年都是你先听到的。"

"可今年我怎么到现在还没有听到呢?"竺可桢说,"我怕是因为年纪大了,耳朵不好。你帮我听听,听见了告诉我,好吗?"

陈汲答应了他。

过了两天,陈汲听到了布谷鸟清脆的叫声。当她告诉竺可桢时,竺可桢笑吟吟地说:

"我也听到了。可见,这不是听觉灵不灵的问题,而是留心不留心的问题。"

说完,竺可桢又引经据典地给陈汲写下了南宋诗人陆游的诗句:

"纸上得来终觉浅,绝知此事要躬行。"

渐渐地,夫人陈汲成了竺可桢观察物候的帮手。

又是一个早春的日子,竺可桢要到外地去进行野外科学考察。他嘱托小女儿竺松说:

"你每天上学放学时,从什刹海旁走过,注意观察一下,哪天冰开始融化,你把它记下来。还有,哪一天什么树开什么花,你也留心一下。"

竺松调皮地笑着说:"可是,我没有这个兴趣呀!"

竺可桢严肃起来:"这事关系到科学研究的资料,不能马马虎虎的。你能不能做好这件事?不要开玩笑。"

竺松吓得吐了吐舌头,举手行了个少先队队礼:

"我一定完成爸爸交给我的光荣而艰巨的任务。"

全家人都笑了起来。

为了竺可桢的物候观测,全家人都行动了起来。

周末,在化学研究所工作的儿子竺安回家看望父亲,他看到竺可桢正在整理物候观测的资料,就说:

"爸爸,我们研究所大楼前的杏树开花了。"

"哪天开的?"

"大概是最近两天吧。"

竺可桢不高兴了,他从资料中抬起头来:

"我需要的是精确的时间。你是搞科研工作的,不应该使用'大概''可能'这些字眼,也不能用估计和推断去代替实际观察。"

第二年春天,竺安到乡下搞社会主义教育运动。那里是山区,山上种的有桃树,有杏树。竺安想起了父亲的话,每天工作之余,都注意到山上去看看。

好多天过去了,他又一次漫步在山坡上。他惊喜地看到,几朵粉白粉白的杏花张开了花瓣,在碧绿枝叶的衬托下,显得格外娇艳。

竺安把这个发现及日期写信告诉了父亲。

竺可桢满意地记下了这个日期,与他自己的观测结果一样,"清明时节,杏树开花"。

全家都动员起来还嫌不够,邻居家的孩子也成了竺可桢的物候小观测员。

邻居家有一棵桃树,当桃树张开第一朵花苞时,竺可桢窗前就响起了孩子稚嫩的叫声:

"竺爷爷,桃花开啦!"

竺可桢兴冲冲地跟着孩子来到前院,眯缝着眼睛细细打量阳光下的小桃树。

回到书屋,他打开笔记本,郑重其事地记下了这个日子。

乍看起来,这种观测太平凡、太简单了,可任何一项科学研究,都离不开这些看似平凡、简单、重复的工作。只有在这些日复一日积累起来的资料的基础上,才能进行归纳、分类、综合、分析,得出符合客观规律的科学结论。

竺可桢在他重要的科研论文《中国近五千年来气候变迁的初步研究》中论述道:

"著名道士邱处机(1148—1227)曾住在北京长春宫数年。他于公元1224年寒食节作《春游》诗云:'清明时节杏花开,万户千门日往来。'可知那时北京物候正与北京今日相同。"

13世纪的北京,杏花在清明时节盛开怒放;700年后的北京,杏花也在清明时节盛开怒放。这个看似简单寻常的结论,是竺可桢通过严谨科学的考证和多年的物候观测才得出的。

1963年,竺可桢与宛敏渭合作,写作出版了《物候学》一书。

这是我国第一部系统研究物候理论、物候知识以及物候学在生产实践中的作用的专门著作。

宛敏渭是竺可桢的学生，他是一位专门研究物候学的专家。早在1931年，他在南京中央研究院的气象研究所研究班学习时，就开始在竺可桢的指导下进行物候学的研究。几十年时间过去了，他的个人生活无论怎样变动，都没有中止对物候的研究，从而积累了大量的资料。

在《物候学》这部著作中，竺可桢负责撰写我国古代的物候知识，世界各国物候学的研究与发展状况以及物候学的定义等部分。宛敏渭负责撰写应用物候学有关知识、预告农时的方法和我国物候学研究的展望等部分。

《物候学》出版后，受到了各方面读者的广泛欢迎和好评。

在《物候学》这部著作中，竺可桢引用了我国古代典籍《礼记·二月令》中的优美记载，他用现代汉语译述出来，形象地描绘了两千多年前，我国黄河流域初春时的物候状况：

"这时太阳走到二十八宿的奎宿，天气慢慢地和暖起来。每当晴朗天气，可以见到美丽的桃花怒放，听到悦耳的鸽鹧鸟歌唱。一旦有不测风云，也不一定下雪，而是会下雨。

"到了春分前后，昼和夜一样长，年年都能见到的老朋友——燕子，也从南方回来了。燕子回来的那天，皇帝还得亲自到庙里进香。

"冬天销声匿迹的雷电也重新振作起来,匿伏在土中、屋中的昆虫,也苏醒了过来,向户外跑的跑、飞的飞。

"这时候,农民就应该忙碌起来了。把农具和房子修理好,国家不能向农民多派差事和劳役,免得妨碍农田的耕作。"

竺可桢在写作《物候学》的过程中,十分注意语言文字的通俗易懂,注意把古代的、外国的有关物候学的理论知识深入浅出地加以阐释,让不同文化层次的读者都便于理解和接受。他还在书中运用生活中农民的语言来说明问题。在谈到物候学在生活中的应用时,他引用了我国北方普遍流传的《九九歌》:

一九、二九,不出手。

三九、四九,冰上走。

五九、六九,沿河看柳。

七九河开,八九雁来。

九九加一九,耕牛遍地走。

这首《九九歌》中所说的"不出手""冰上走""沿河看柳""河开""雁来",都是北方随处可见的物候现象。这些现象生动准确地反映了我国华北地区的物候状况。

也许有人会问,在科学技术日益发达的现代社会,为什么不采用现代化的手段、用仪器仪表测出数据来指导农时,而要采用传统的、古老的物候观测方法呢?

这是因为,物候是农作物生长所需要的许多条件综合作用的结果,客观地反映了一定的时序关系。如我国华北有农谚:"枣芽发,种棉花。"我国四川有农谚:"菊花开遍山,豆麦赶快点(点:指点种)。"显然,依据不同地方的物候特点制定出不同地方的物候历,对于指导农业生产具有简单便捷的效用。所以竺可桢说:"一个地区的物候历,只要一个普通农民受短期训练,从一小块地面上,持之以恒进行观测,便可做出。对于预告当地一年四季的农时,就大有裨益。中国向来以农立国,一千四百多年以前,贾思勰已在《齐民要术》中提倡物候历。……现在国家建设以农业为基础,各省市能费一点力量,依据物候学和农业气象学的原则,做出本地区的物候历,对于农业生产会有所帮助。"

在竺可桢的倡议和推动下,经过多年的努力,全国建立了物候观测网,统一了我国物候季的划分。全国许多省、市、地区,都有了适用于各自地区的物候历,对于指导和发展农业生产,起到了积极的作用。

竺可桢从年轻时起,就决心用自己所学的科学知识服务于祖国的农业,几十年时间过去了,他从未背离过自己的初衷。

8. 来自中南海的关注

一切植物的生长都离不开阳光、空气、水和土壤,也就是竺可桢所提出的"植物生长所需的四大要素:日光、温度、湿度和土壤"。竺可桢的研究属于农业气候学,这门学科是研究日光或太阳辐射、气温、降水等大气环境与农作物之间相互关系的科学。

竺可桢早在赴美留学专攻气象专业时,就立志用科学推动中国农业的发展。几十年来,无论他做什么工作,他的科研方向都围绕着这一目标。60年代初,竺可桢在《论我国气候的几个特点及其与粮食作物生产的关系》中,集中而深入地论述了气候学与农业生产的关系。竺可桢的这篇论文,积几十年的研究成果,三易其稿,在公开发表之前,登载在国家科委编印的内部刊物《科学技术研究动态》第274期上。

中国共产党和国家的最高领导人毛泽东主席看到了这篇论文。

毛泽东主席博览群书,他对科学研究的理论前沿十分关注,竺可桢的这篇论文引起了毛泽东主席的兴趣。

毛泽东出身农家,从小在稻田里干过农活。如今,他领导着一个农业大国,十分清楚在中国这样一个有着6亿人口的国家,农业所具有的地位和重要性。

作为共和国的伟大领袖,需要毛泽东操心的国际、国内大事太多太多。所以,通常毛泽东主席在大政方针制定后,对于各行各业的具体工作和具体工作方式并不一一亲自过问。唯有农业是个例外,他亲自主持制定了"农业八字宪法",即"水、肥、土、种、密、保、工、管"。把农业田间耕作的诸要素,提高到"宪法"的高度,由此可见毛泽东主席对农业的重视程度。

所以,毛泽东主席读到竺可桢这篇关于中国气候与农作物关系的论文时,不禁被深深吸引住了。

在论文中,竺可桢阐述道:

"植物受气候的限制比人类还要大。

"以植物而论,寒带和热带,高山和平原,沙漠和湿地,所生长的草木种类完全不同。

"一棵树的叶子厚薄多少与叶绿素之分布、综合日光强弱有关。……单以眼睛能见得到的太阳光而论,红色光线和蓝色光线的作用就不同。红色光线使细胞生长,蓝色光线使细胞分裂。

"植物叶绿素之所以能制造各种碳水化合物,其能源全靠日光辐射能,从一个地方年总辐射量可以初步推算每公顷或每亩地在假定理想状况下所能产生的农作物产量。……"

除了阳光,竺可桢指出:"温度是影响农作物生产的重要因素之一。""荔枝、龙眼只产于东南,茶叶、橘子不过秦岭,热带的植物大多数不能经霜。农作物的生长速度,无论从枝叶根蒂的长度厚度计,还是以农作物的重量计,均以气温为 30℃ 时为最快。气温降至 30℃ 以下时,则温度愈低,生产愈慢,直到 5℃ 左右,大多数作物进入休眠状态。气温若升至 30℃ 以上,生长速度也要递减,气温达到 40℃,大多数作物亦停止生长。"

雨量对于农作物的生长也非常重要。

竺可桢论述道:"全世界稻米产量几乎全部集中在东亚和东南亚季风区域。在过去的历史中,东亚和东南亚水稻产量占全世界总产量的 96%……所以如此,季风区域夏季有高温和充沛雨量是一个重要因素。""在我国,影响农作物收获,雨量的关系比温度更为重要。多半要靠雨量的适时。"我国的多数地区属于季风气候区,"季风气候的一个特点是雨量集中在夏季温度高的时期。另一特点是,夏季风来临和退却时期的或迟或早形成雨量的或少或多。雨量多容易造成洪涝灾害,雨量少又容易造成旱灾"。

竺可桢最后在论文中指出:"气候既然仍是目前粮食生产增减的重要因素,我们就急需分析气候如何影响粮食生产,并进一步探讨如何利用一个地方气候的有利因素而减少或免除一个地方气候的不利因素。"

读完竺可桢这篇论文,毛泽东主席十分兴奋。他在屋里来回踱着步,点燃一支烟,深深地吸着,在沉思中露出了微笑……他让秘书通知科学院,请竺可桢到中南海来面谈。同时被邀请的科学家还有李四光和钱学森。

这是 1964 年 2 月 6 日,阴历腊月二十三,按中国的传统习俗,这天是过小年祭灶的日子。前些天北京下过一场雪,地上的积雪还没有完全融化。中午,竺可桢和夫人陈汲一起到全国政协餐厅吃午饭。回到家,他翻开了《杜诗镜铨》,正打算接着昨天中断的地方往下读时,电话铃声响了起来。中国科学院转中央办公厅电话通知,毛泽东主席请竺可桢到中南海住处谈话。

汽车小心翼翼地行驶在积雪的路上,近处的北海大桥银装素裹,远处的西山白雪皑皑横卧在天际,像一幅壮丽的剪影。

进入中南海,工作人员迎上前来,领着竺可桢走向毛泽东主席的住处。

毛主席住在中南海的"菊香书屋",那是一处不大的院落。院子里种植着松柏,前院警卫人员居住,后院是毛主席的住室。

毛主席的卧室外间是书房,密密排列的书架上摆放着古今中外的各类书籍。其中最引人注目的是那些蓝布封套装着的古老线装书。许多书中还夹着纸条,那是毛主席读过后做的记号以供以后查阅的。

毛主席的卧室陈设十分简单,一张大木床几乎占去了房间的一半地方,床头和床边全摆放着一摞摞的书。毛主席或坐或卧,都可以十分方便地随手拿到他想看的书。

床前摆放着三把椅子,毛主席坐在床上和竺可桢握手。竺可桢向毛主席问好,毛主席请竺可桢坐。他笑眯眯地说:"你那篇《论我国气候的几个特点及其与粮食作物生产的关系》写得不错,我看到了。"

毛主席一边说,一边指了指床头柜。竺可桢这时也看到了床头柜上摆放着自己的那篇论文,论文上还有毛主席用红蓝铅笔画出的记号。他连忙回答道:

"这篇论文提出了一些问题,但是还不成熟。"

毛主席说:

"能提出问题就很好嘛!我想,'农业八字宪法'中,土、肥、水、种、密、保、工、管,都是只管地不管天。你的这篇论文内容,倒是管天的。"竺可桢笑道:"天有不测风云,不太好管。"毛主席点燃一支烟,问竺可桢抽不抽烟,竺可桢摇摇头说不抽。他端起工作人员泡好的茶轻轻啜了一口,龙井的清香沁人心脾。这些年来,竺可桢听力减退,他常常为听不清别人的话而心里着急。可奇怪的是,在今天,毛泽东主席的湖南话他倒句句都听得十分真切。

毛主席吐出一口烟,十分惬意地说:

"我们两个人,既管地,又管天,就把天地都管住了。"

竺可桢禁不住笑了起来,对毛主席说:

"'农业八字宪法',虽然没有明确显示气候因素,而气候因素却贯穿着所有八个因素的方方面面。因为,农业生产不仅要因地制宜,而且要因时制宜。"

毛主席轻轻弹弹烟灰,沉思着说:

"我看,'农业八字宪法',可以加上'光'和'气'两个字。"

听毛主席如此重视地谈到自己论文中的观点,竺可桢连忙解释道:

"在自然界中,植物的叶绿素通过光合作用,吸收空气中的二氧化碳,使之与土壤中所吸收的水分化合,而成为有机碳水化合物。"

"人类的粮食,大部分是碳水化合物。"毛主席点了点头说。

"植物叶绿素所以能够制造各种碳水化合物,全靠日光辐射能。"毛主席继续着这一思想展开论述:

"从一个地方的年日光辐射总量,可以初步推算出每亩土地在假定的理想状态中所产生的农作物产量。我国太阳年总辐射量丰富。在'农业八字宪法'的相应兼顾之中,提高辐射量的利用率,增加农作物的辐射次数,对提高我国农业的单位面积产量,具有重要的意义。"

在毛主席和竺可桢相谈甚欢的时候,地质学家李四光、物理学家钱学森两位科学家也到了,毛主席风趣地说:"今天人才济济,可算齐全。"

毛主席握着李四光的手说:"你是研究如何下地的。"

李四光点点头答道:"我是搞地质的,所以要下地。"

毛主席又对钱学森笑道:"你是研究如何上天的。"

钱学森回答道:"是的,我们研究的导弹要上天。"

毛主席又对竺可桢说:"你是观察大气环流的。"

竺可桢顿时醒悟了毛主席同时召见他们三个人的目的,不禁失声笑道:

"我们三个,一个地下,一个天上,一个空中,真是齐全了。只是我觉得贡献太少,辜负了毛主席的重托。"

毛主席请三位科学家坐在床前。

接下来的话题从古至今,天上地下,真正是海阔天空。他们谈到地球形成之初时的情形,煤和石油的演变过程,动植物的进化,从造山运动和冰川的作用谈到地质年代和历代气候的变迁……

毛泽东主席从哲学的高度谈到宏观世界和微观世界、电子和反电子的辩证法。

李四光向毛主席报告最新的铀矿勘探发现。科学家们都十分振奋。

毛主席十分关切地询问反导弹系统的研究进展,并嘱咐钱学森应立即组织一个班子,着手进行这方面的研究。

时间在融洽的谈话中飞快地流逝,不知不觉,已经是下午3

点多了。

毛泽东主席很忙,三位科学家起身告辞。毛主席站在卧室门口和他们一一握手道别,并要求科学家们,如有什么新的著作,要及时送给他看。

第二天,竺可桢找出自己写的《历史时代世界气候的波动》和《物候学》两部著作,请中国科学院转交毛主席。

在那个"以阶级斗争为纲"的年代里,毛泽东主席邀请科学家们到他卧室里谈话,并且对科学家们的工作及科研成果表示关注和鼓励,这是为数不多的。

六

"文化大革命"开始了。这是中国现代史上的一场浩劫。在这场劫难中,竺可桢也受到了冲击。他顶住巨大的压力,一如既往地为中国科技事业的发展尽心竭力。他完成了重要的科研项目——《中国近五千年来气候变迁的初步研究》。他对自己的专著《物候学》进行了增订……但是,政治运动的冲击阻碍了他的工作,摧残着他的学术生命和身体健康。

他把一生献给了科学事业,在动乱中离开了这个世界。

1. 风暴袭来之前

1965 年,竺可桢 75 岁了。

近一年多来,竺可桢明显觉得自己的身体状况在走下坡路。他的耳朵重听加剧,听人家说话时,如果稍坐得远些就会听不见。接电话也听不大真切。他的左手小拇指和无名指一直发麻，医生说是动脉硬化所致。每当他久坐后站立，特别是在坐车后或者下蹲时站起，他常常感到一阵阵眩晕，眼前发黑。皮肤瘙痒症使得他夜不能寐，眼睛畏光，视力减退。一直都很正常的血压也有些偏低，由高压110、低压70减至高压90、低压60。星期天，他带竺松去北海公园游玩，白塔山并不高，可他登上去却感到腿软腰疼，中途还停下来歇了好几次。

竺可桢在日记中自嘲道：物体下滑时有加速度的物理现象出现，是不是人到了一定年纪后，身体的衰老也有加速度呢？

尽管如此，竺可桢并没有因此而放慢工作的节奏和减轻工作的分量。医生曾多次劝告他，行动起坐都要放缓慢一些。可他一投入到工作中，就忘记了病痛，忘记了时间，忘记了年龄，也忘记了医生的劝告。

他有许多事情要做。

这一年，由中国科学院上海生物化学研究所、上海有机化学研究所和北京大学通力合作，首先在我国成功合成了"人工合成牛胰岛素"，这一成果标志着我国在这个学科领域处于世界领先地位。中国科学院要及时总结这一科研成果的经验。

这一年，在竺可桢的直接领导和组织下，我国的地球科学工作者对青藏高原进行了科学考察，取得了珍贵的第一手资料，这一项工作举世瞩目。

按竺可桢的计划,接下来的时间,要在这次考察的基础上,把对青藏高原的科学考察工作全面深入地开展下去。他向往着那个神奇的地方,那是世界上海拔最高的高原,在地质学上又是自第四纪以来的地质新构造运动中的最新隆起发育。在地质构造、矿床的形成和分布,以至对周围生态环境的影响等方面,都具有其他任何地方所不具备的特点。全面开展对青藏高原的科学考察和研究,不仅对亚洲大陆的形成和演化、东亚大气环流的运行和周围生态环境的变迁具有重要的理论意义,同时对我国西南、西北地区的经济开发和国计民生的发展具有现实意义。更重要的是,竺可桢期盼中国科学家能利用我国自然条件和自然资源的优势,尽快赶上和超过世界上别的国家的科研水平,为人类的科学事业做出贡献。竺可桢认为,这是中国科学家责无旁贷的责任,也是他个人责无旁贷的责任。

　　竺可桢还十分重视和关心农业区划工作。他始终认为,地理学研究应该为发展农业生产服务,由地理学家参加的农业区划工作,是解决我国农业因地制宜、充分利用资源发展生产的有效方法。

　　竺可桢多年来一直潜心于历史气候变迁的研究。工作之余,他打算在过去研究的基础上,对这一课题进行更深入的探索思考,尽早得出科学的结论。

　　可是,他却时常有力不从心之感。

除了身体的原因、工作太忙的原因之外，他还不得不面对种种他感到十分陌生和困惑的问题。

在科学院内外的不同场合，竺可桢都听到一些有相当地位的人批评科学家写论文是个人名利思想。竺可桢对此观点十分不以为然。他在日记中写道："我国关于科学各领域的研究所出的书和文章不是太多而是太少，科研论文是知识分子、脑力劳动者的生产结果，应该鼓励大家写书写文章。"

在一次科学院的院务会议上，在安排科学院的工作时，科学院的领导提出了两项新的措施：一是20年赶上和超过世界先进科研水平；二是要以革命精神打破科研机构的框框，科研工作要革命化。本着这一精神，科学院决定建立政治部，各科研院所和研究室也都要设政治主任。

这些措施的制定，并没有体现科学的、务实的精神，完全是那个"政治挂帅""以阶级斗争为纲"的时代的产物。在盲目的自大和专制愚昧面前，科学家的理性和良知被嗤之以鼻，不屑一顾。在这种大背景下，竺可桢所主抓的许多方面的科研工作势必要让位于一个接一个的政治运动。

1965年4月2日至23日，中国科学院党组组织科学院的几十位科学家前往山西省洪洞、曲沃、阳泉等地参观那里农村的"四清"工作。竺可桢为这个参观队的队长。参观队下设了三个小组，一组的组长是贝时璋，二组组长是童第周，三组组长是严济慈。

"四清"运动,是当时一场遍及全国农村的社会主义教育运动。竺可桢在参观考察农村的"四清"工作中,以一个科学家理智而清醒的头脑和"求是"精神,敏锐地认识和发现当时中国农村所存在的问题,除了所谓"四清""四不清"的问题外,还有许多牵涉到国家政策制定的问题。

在山西省洪洞县万安镇,竺可桢记下了这样一组数字:

万安镇共有4000人,这里的姑娘十六七岁就结婚,仅1964年一年,全镇出生人口199人,人口增长率高得惊人。而在粮食分配中,基本口粮按人头分配,占分配量的80%,工分粮食的分配却只占20%。在此分配过程中,人口不论大小,基本口粮平均分配。这样一来,壮劳力多而小孩子少的人家,虽然贡献多、出力多、挣工分多,却不能多劳多得,反倒因此而缺粮。而那些劳力少而人口多的人家,反而能多分得粮食。竺可桢认为,这样的分配政策起到了鼓励生育、奖懒罚勤的作用。

另外,竺可桢还发现,工业品价格过高而农产品价格过低。如:1斤化肥卖人民币2角8分钱,而1斤小麦才卖人民币1角2分钱。这样的价格差不利于促进发展农业生产。

在万安镇公社,竺可桢面对公社干部和全体参观队的科学家谈了这次来农村的感受和认识。他直言不讳,着重谈了农村人口增长速度过快的问题,谈了农业生产中存在的问题。他主张兴修水利,除了种植小麦等粮食作物外,还应因地制宜地多栽种一些核桃、葡萄等经济作物。

时隔 40 多年后的今天,中国的社会生活已经发生了巨大的变化,中国农村的经济改革也取得了巨大的成功。当我们回过头来再听听竺可桢在 40 多年前所阐释过的观点,仍然不能不发出深深的感叹。假如中国当时就能尊重科学,尊重科学家,按客观规律办事,中国的发展将少走多少弯路啊!

可是,历史的进程并不以人们的良好愿望而转移。竺可桢怎么也想不到,更大的政治风暴正在酝酿之中,一场史无前例的政治运动即将来临。

2. 在"文革"的风暴中

冬去春来,1966 年的北京春寒料峭。

从塞外吹来的风打着呼哨,掠过古城,掠过街巷,卷起阵阵黄土。

竺可桢依然天天进行物候观测,天天坚持体育锻炼,天天记日记。除了工作之外,他利用一切业余时间,搜集整理各个历史时期气候变化的资料,为自己的科研论著做准备。

"文化大革命"的政治风暴来得如此迅猛,人们不可能预测到它将会给这个国家带来什么。善良的人们真诚地相信,修正主义是全党全国最大的危险，"反修防修"是全党全国的首要任务。经过这场伟大领袖亲自发动的、史无前例的"无产阶级文化大革命"，我们的党就会更加纯洁，无产阶级专政就会更加牢固，红色江山就会千秋万代不改变颜色。

阴云在聚积，风暴来临了。

沉渣泛起，泥沙俱下。党内的一些野心家、阴谋家利用中国共产党最高领导人的错误，互相勾结，结党营私，狼狈为奸，"乱纷纷你方唱罢我登场"，整个社会生活陷入极大的混乱中。

作为一代优秀知识分子的代表，竺可桢对所发生的一切虽感到困惑不解，但他出于对祖国的热爱和对中国共产党的信任，在运动中努力调整着自己的思想，站稳自己的立场。

这一年的新年刚刚过去，竺可桢得知，自己被罗马尼亚科学院主席团授予罗马尼亚科学院荣誉院士称号。中国科学院的地理学家黄秉维被授予罗马尼亚科学院院士称号。罗马尼亚，这个地处东欧的社会主义国家，成了我国科学家与外国科学家进行对话与交流的唯一通道。

当时，西方各国在科学技术上对我国实行封锁，而我国与苏联关系紧张后，东欧许多社会主义国家与我国的交往也日益减少，只有罗马尼亚与我国继续保持着各方面的联系与交流。

新年假期过后，竺可桢来到科学院地理研究所。他约请了中国地理学会的副秘书长瞿宁淑前来这里，一起商谈地理学会本年度的工作安排。

他们主要研究了关于召开地理学会理事会的事情,又商量了一些具体工作后,瞿宁淑向竺可桢说道:

"竺院长,您和黄秉维先生荣膺罗马尼亚科学院院士称号,是中国地理学界的盛事。中国地理学会打算就此事搞个庆祝活动……"

"不要,千万不要搞什么庆祝活动。"竺可桢打断了瞿宁淑的话,"罗马尼亚科学院将这一称号授予两个中国地理研究工作者,这一荣誉应归功于全体中国地理学家。"

看到竺可桢如此明确坚定的推辞态度,瞿宁淑也就不好再坚持此事了。

早春二月,竺可桢的秘书沈文雄来到竺可桢家看望竺可桢,并向竺可桢道别,他即将去安徽霍邱县参加"四清"运动。

沈文雄是个十分精干的秘书,他这一走,竺可桢的工作势必会受到影响。但是,竺可桢什么也没有流露出来,他对沈文雄说:

"希望你从安徽参加'四清'运动回来后,我们能一起到西藏去。全国各个省、自治区中,除了西藏和台湾以外,我都已走遍了。青藏高原的科学考察已有一个良好的开端,还应该继续进行下去。我想实地去了解西藏的自然状况。"

竺可桢这一愿望未能实现。

随着"文化大革命"的开始,中国科学院西藏科学考察队的正、副队长,科学家刘东生、施雅风都遭到了斗争和批判,原定的考察计划不得不暂停。虽然竺可桢一再强调这项研究工作的重要性,但在当时的政治环境中,西藏的科学考察已经摆不上议事日程了,压倒一切的任务是"革命"。

1966 年 5 月 16 日,中共中央颁布了《中国共产党中央委员会通知》,简称"五一六通知"。这一"通知"的颁布,是"文化大革命"从文化领域扩展到全国各个领域的标志。

全国人大常委会和全国政协常委会在"通知"下发后,立即召集在京党内外知名人士学习讨论"通知"精神。到会的知名人士有科学界的,也有文学艺术界的。他们在学习讨论中一致表示,为了以自己的实际行动投入到"文化大革命"中去,为了坚持在中国共产党领导下的"继续革命",他们决定联名向组织提出申请,要求降低自己的工资标准。

于是,在学习"通知"的座谈会上,经沈雁冰(即茅盾)倡议,由舒舍予(即老舍)拟稿的"降低工资标准申请书",得到了全体与会人士的签名赞同,竺可桢和中科院其他几位著名科学家也在其中。

参加过座谈会回到家中,竺可桢想到,光降低工资标准还不够,还不足以表示自己和人民大众在生活上缩小差距的决心。他找到科学院副院长、著名科学家吴有训,和吴有训谈起了自己

的想法,吴有训和他有同感。两人商量后,决定他们两家从即日起开始以实际行动向工农大众靠拢。具体措施有:

1. 缩减自己工资的三分之一上交国家,只领原薪的三分之一。

2. 组织上委派的公务员由院里有关部门另行安排工作,辞退自己雇用的保姆。

3. 缩小住房面积,腾出竺安和保姆居住的两间厢房,由科学院安排使用。

4. 不铺地毯,不摆沙发,不挂画饰,全部上交科学院有关部门。

5. 到科学院上班或有公务时,和吴有训合乘一辆小汽车,到图书馆、情报所查阅图书资料时乘公共汽车。

6. 把个人私有的钢琴赠予科学院芳嘉园幼儿园。

竺可桢、吴有训在当时这样做,也许是他们真诚地相信:这些都是"继续革命"的需要,他们要以自己虔诚的行动"在灵魂深处爆发革命","革自己的命"。

他们所采取的以上这些措施,还可能是出于大势所趋下的不得已。共和国的国家主席尚且在一夜之间成了"全民共诛之,全党共讨之"的"中国头号走资本主义道路的当权派",更何况他们这些"喝过洋墨水",从旧时代过来的知识分子呢? 这种表面上很革命的行动也许是出于心底深处的一种自保的愿望。

当然,这一切只是我们今天的推测,竺可桢、吴有训的真实动机已不可考证。但事实证明,他们这样做是有先见之明的。很快,"红卫兵"就冲进了竺可桢的办公室,即使他当初不主动采取那些措施,"红卫兵"也会对这一切"造反有理"的。

"文化大革命"运动开展起来后,就像阿拉伯故事中那个被装在瓶子里三百年后被放出来的魔王,以人们所想象不到的速度和模样发展着、膨胀着。

"破四旧",许多文物古迹被破坏。

"横扫一切牛鬼蛇神",许多知名的作家、艺术家被揪斗、遭凌辱。

竺可桢怎么也想不到,1966 年夏天,他所尊敬的北京市文联主席、人民艺术家老舍先生因不堪忍受"红卫兵"的批斗凌辱而投太平湖自杀。死前,他把自己手书的毛泽东诗词一张张地投入湖中,而没有留下一句遗言。

老舍先生的死对竺可桢刺激很大。当他把这个不幸消息告诉他的邻居黄宗甄先生时,竺可桢的脸色发白,声音颤抖。

竺可桢作为一名不是院党组成员的副院长和著名科学家,被周恩来总理点名保护。他成为中国科学院屈指可数的没有受到"造反派"暴力冲击的科学家之一。

他没有被抄家,也没有被揪斗,但却不可避免地遭到"大字报"的点名批判。

批判竺可桢的第一张大字报是由综合考察委员会的一些人贴出的,大字报指责竺可桢"包庇重用"崔克信。

　　崔克信是我国老一辈的地质学家,新中国成立前长期从事华中、华南,特别是西康省的地质矿产调查工作,曾出任西康省地质调查所所长,为我国的地质事业做了许多切实有益的工作。新中国成立后,他在中科院地质研究所任研究员,1957 年被打成"右派"后,受到了降级和调离地质所的不公正待遇。

　　竺可桢向来爱惜人才。因为他所领导的综合考察委员会缺少高级研究人员,所以他把崔克信调到综合考察委员会矿产资源室参加研究工作。矿产资源室的研究人员大多是些年轻人,他们十分需要得到老科学家的指导。

　　可是,竺可桢的这些做法却成了被批判被攻击的罪证。

　　还有的大字报指斥竺可桢"为地主阶级孝子贤孙评功摆好"。这是因为竺可桢曾写过纪念我国明代杰出的农学家徐光启的文章。

　　面对接踵而来的大字报,竺可桢十分豁达,他认为对群众运动应有端正的态度,所以他公开表态,欢迎大家给他贴大字报。

　　可是,当竺可桢看到那个批判他"为徐光启歌功颂德"最激烈的人,恰恰是几年前也同样赞颂徐光启的人时,他不禁摇头苦笑了。这种出尔反尔、毫无原则的做事作风,素来是竺可桢所最不屑的。

1966 年夏天,一伙中国科学院科技学校的"红卫兵"闯进了竺可桢的办公室。

这些"红卫兵"大多十六七岁,身穿绿军装,腰系宽宽的军用皮带。一个嗓音尖尖的女"红卫兵"领着大家诵读了伟人语录:凡是错误的思想,凡是毒草,凡是牛鬼蛇神,都应该进行批判,决不能让它们自由泛滥。然后,他们宣布了对竺可桢的"最后通牒","勒令"竺可桢从即日起,必须放弃"老爷般的办公方式",一切杂务以及打扫卫生等事情,必须由他自己动手。

从此以后,竺可桢每次来办公室上班,都要亲自扫地、抹桌子、打开水、收拾内务、取报纸、拆信件,做许多诸如此类的杂务事。

即使如此,竺可桢也清楚地看到,自己的处境不能算坏。当时中科院的许多领导和院内外一些著名科学家都被打成"反党集团""反动学术权威",受到批斗和迫害。他们有的被抄家,有的遭围攻,有的被剥夺了政治权利,还有的身患疾病也不能就医。对这一切,竺可桢感到十分不解和不满。他想:这些非人道的做法难道能称为"革命行动"? 即使对待敌人的俘虏也不至于如此,更何况他们都是一些热爱祖国、对新中国建设做出了贡献的知识分子。

竺可桢认真和迂执的劲头一上来,什么也不能阻止他按照自己的思考去行动。他找到周恩来总理的联络员,请他把自己的意见转告周总理,希望周总理要求那些造反派"注意改正这类偏向"。

1966年9月,中国科学院代表团赴罗马尼亚首都布加勒斯特,参加罗马尼亚科学院成立100周年纪念活动,竺可桢是代表团团长。

行前,陈毅副总理约见了代表团全体成员。在谈到当时热火朝天的红卫兵运动时,陈毅副总理说:"红卫兵有点过分,要把花、鸟、虫、鱼去掉,我反对。万里长城、孙中山像不应拆掉,云冈佛像不能毁灭,天安门也用不着改名。中国是有五千年文化的国家,古代文明如印度、巴比伦、埃及都曾经中断过,唯有中国的古老文明未中断。古代文化不要去捣毁,要充分利用这类遗产。伟大的毛泽东思想是中国的贡献,但五千年来的中国文化也是一大贡献。我们不应割断历史、恣意消灭古代文化,而要以批判的眼光来对待古代文化……"

这是陈毅副总理在"横扫四旧"的高潮中所讲的一番话。

陈毅副总理的话激起了竺可桢强烈的共鸣,使他对当时的形势有了清醒的认识。他把这些话完整地记录在当天的日记上。

可他没有想到,耿直、热情的陈毅很快也遭到了批判和迫害。

"文化大革命"对竺可桢最大的打击是剥夺了他正常工作

的权利。

竺可桢在相当长一段时间内，一直是被审查的对象，没有过问科学院科研工作的权利。他那些关于瞄准世界科学发展前沿，注重基础理论研究，保持科学院的研究实力等一系列正确主张不可能被采纳。而他自己也失去了了解地理学、气象学等学科最新研究动态的信息通道。

"文化大革命"也给竺可桢规律、有序的生活带来了很多的混乱和不便。

在很长时间里，他只有两间住房。一间是卧室，另一间是书房兼会客室。儿子竺安只好住在卫生间里，支起可以拆卸的床铺。家里没有暖气，靠蜂窝煤炉和煤油炉取暖。可无论夫人陈汲怎样努力，家里冬天的温度只有10℃—14℃，而在科学院的办公室，温度仅有6℃—8℃。

竺可桢患有肺气肿，寒冷使他十分容易感冒，每一次感冒都严重地威胁着他的健康。

因为"文化大革命"狠批"特权"，狠批"资产阶级思想和作风"，所以，竺可桢尽可能不用自己的专车。他无论是到科学院、图书馆、情报所查资料，还是上街购物、进行物候观察，都是乘坐公共汽车。北京的公共汽车十分拥挤，加上当时的"红卫兵"大串联，公交交通更是拥挤不堪。年老病弱的竺可桢往往是费尽全身力气刚刚挤上了公共汽车就又被挤了下来。每次他上街,夫人陈汲都提心吊胆,生怕发生什么意外。

陈汲也有许多事情。家里的公务员被退掉,保姆被辞去,陈汲承担了全部的家务。另外,街道办事处要求她必须参加街道的"文化大革命",每天除了"早请示""晚汇报"和政治学习必须雷打不动地参加外,还要参加"革命大批判",和街道的家属们一起跳"忠字舞"。每当这时,竺可桢就不得不自己下厨房。陈汲手把手地教会了他使用液化气灶,一辈子从未做过家务的竺可桢在这时候学会了做最简单的饭菜。

一次,竺可桢与陈汲一同到粮店去买每月定量供应的粮食。从他家到粮店有500多米的距离,竺可桢提着15斤大米,陈汲提着面粉及其他杂粮。东西虽然并不算多,但对衰弱的他们来说,已不堪重负。他们走一小段,就放下东西来歇一会儿,换换手再走。就这样互相扶持着回到了家,竺可桢觉得十分疲惫。

"文化大革命"剥夺了竺可桢锻炼身体的条件。他几十年如一日坚持的游泳运动也被迫中断。"文革"前,他一年四季都去游泳,即使是在冬天,他也坚持一星期游两次泳。他曾多次向亲友谈及,这是他保持身体健康的诀窍。

"红卫兵"们指控这个位于北京市文津街的养蜂夹道俱乐部是"反革命俱乐部",内部专用的游泳池也被"勒令"关闭。竺可桢不得已,只好转移到比较远的北京体育馆游泳池继续锻炼,但很快这个游泳池也停止了开放。从此,竺可桢只好以做体操、徒步行走和深呼吸来进行锻炼。

这时期,竺可桢的秘书下放到了"五七干校",身边没有一个工作人员能够帮助他做点具体工作。他和科学院的另一位副院长吴有训曾提出要求,希望能留下一位秘书照应一下日常工作,可这个要求并没有得到同意。竺可桢以70多岁的高龄独自承担了所有工作。从打扫办公室卫生到抄写文稿,从统计气象报表、整理资料到接待来访来信,这一切都需要他一一去做。

尽管如此,竺可桢仍以他一以贯之的执着和乐观豁达的胸怀对生活充满了热爱,对未来充满了信心。

邢台地震后,从中央到地方抗震救灾的得力措施,他看到了党和政府对人民的关心;从人造地球卫星的上天,他看到了我国科技事业的迅速发展;从联合国恢复我国的合法席位,他看到了祖国国际地位的日益提高。1971年春节,竺可桢已是81岁的老人了,他以赤子之心,写下了一首五言诗:

光阴似流水,逝者不停留。

新旧交替速,一日如三秋。

电弧代油烛,塑料顶绵绸。

腾云不足道,广寒可漫游。

昔称病夫国,今反帝与修。

工农秉国政,士子牧羊牛。

物富仓廪足,人勇大江泅。

我生仅八十,胜于古千周。

3. 从五十年到五千年

在竺可桢所涉猎的各个研究领域中,他下功夫最深、费心血最多及成就最大的领域是对于我国历代气候变化的研究。

即使在"文化大革命"那样艰难动乱的年代里,他仍继续着这一领域的研究。

早在 1924 年,竺可桢就开始研究我国南宋时代的气候。在中国三千多年的历史记载中,竺可桢为什么独独对南宋的气候产生兴趣呢? 这是因为竺可桢在读史中发现,卷帙浩繁的二十四史中,唯独宋史中有很多关于降雪的记载。其中,特别以南宋时期为最多。从 1131 年到 1264 年这 133 年间,宋史中关于当时的首都临安(今杭州)春天降雪的专门记载,就达 40 多次。

在深入研究南宋时期气候的基础上,竺可桢进一步扩大了他的研究领域,把目光投向中国古代的各个历史时期。

1925 年,竺可桢在《东方杂志》上发表了《中国历史上气候之变迁》一文。

新中国成立后,竺可桢把对这一课题的研究范围扩展到了整个世界不同历史时期的气候变化。

1961 年,他发表了论文《历史时代世界气候的波动》。在这篇论文中,他阐述了 20 世纪上半期气候变暖的事实,又追溯了不同历史时期各国水旱寒暖波动的历程。他以中国历史的气候变化与欧洲历史气候变化的记录相比较,发现我国 17 世纪后半期的寒冷时期与欧洲的小冰期是一致的。

这以后的 12 年中,竺可桢又进一步深入研究了中国历史气候的变迁。他在浩如烟海的史籍中,对史料进行挑选、甄别,从中整理出可以佐证的材料,反复研究,前后对照,以证明自己关于气候变化的论点。

竺可桢在研究中采用了多种证实的方法。

他早年写作《南宋时代我国气候之揣测》和《中国历史上气候之变迁》时,是通过用史料中一个地方的终雪日期与如今这个地方的终雪日期作比较,来间接证明我国气候的历史变迁。

新中国成立后,竺可桢又采用了另一种研究方法,即运用实际观测记录进行论证的方法。竺可桢对上海、天津和香港三个地方的观测记录整理研究后发现,我国历史上气候不但在变化,而且随着纬度的增高而逐渐明显。他指出:"从上海九十年左右的气温记录中,可以看出,19 世纪最后二十五年间的温度为最低,1940 年为最高。上海气候变化的趋势,上下摆动幅度达 0.5℃或 1℃。"他把这一研究结果与当时欧洲学者的研究结果相比较,虽然在前后时序上有些差别,但总的变化趋势是一致的。他由此得出结论:"从世界各国不同历史时期的气候状况看来,气候变化是普遍的而且具有一定规律的波动,既不是一成不变,也不是作直线式的下降或上升。"

竺可桢在研究中最富于独创性的方法,是利用古代典籍和方志中的有关记载来研究我国气候历史的变化。

竺可桢注意到,20世纪60年代以来,古气候学的研究吸引了各国地球物理科学家们的注意力。仅60年代以来,地球物理学界就举行了三次关于古气候学的世界会议。可是,从这三次会议上所涉及的研究范围来看,更多的是对地质时代气候的研究,只有少数科学家对历史时代的气候进行了研究。竺可桢认为,这是因为世界各国的历史文献中,都缺乏天文学、气象学和地球物理现象的可靠记载,而只有我们中国在这方面的材料最丰富。竺可桢利用这些历史文献中的记载以及考古发现,探索了我国近五千年来的气候变迁。

竺可桢把我国五千年的历史分为四个时期:

1. 考古时期(约公元前3000年—公元前1100年)。

2. 物候时期(公元前1100年—公元1400年)。

3. 方志时期(1400年—1900年)。

4. 仪器观测时期(从1900年以来)。

对于考古时期的气候研究,竺可桢主要依据了许多重要的出土文物和考古文献。

河南安阳殷墟的甲骨文中，许多记载与气候有关。在数千件能确定日期的甲骨文中，有 137 件是求雨雪的，其中 14 件是记载降雨的。这些记载分散于全年，但最频繁的是在一年中非常需要雨雪的前 5 个月。竺可桢研究了这些甲骨文和历史文献后指出："当时安阳人种稻，在第 2 个月或第 3 个月，即阳历 3 月份开始下种；现在安阳下种则要到 4 月中旬。考古证明先民们种稻比现在大约早 1 个月。"这足以表明当时的气候比如今暖和。

物候时期是我国历史上从西周到明初时期，长达 2500 年。竺可桢推断西周时代比如今温暖，因为当时官方比较重要的文件先铭铸在青铜器上，后来就刻写在竹简上。由此，竺可桢推断，"我们可以假设周朝初期的气温可以使竹子类的植物在黄河流域广泛生长"，现在却不再有这种景象，可见当时黄河流域的气候比现在暖和。这种温暖的气候，在不同的年代又有所变化。竺可桢研究当时的文献后发现：《竹书纪年》上记载周孝王时，长江支流汉水有两次结冰。这种寒冷的气候年代大约持续了一两个世纪，到了春秋时期，气候又暖和了起来。《春秋》这部史书中记载，鲁国的冬天，专门用来为国君采冰的冰房里却得不到冰。而像竹子、梅树这样一些亚热带植物，在《左传》和《诗经》中却多次提到。到了战国时期，黄河流域的气候依然很温暖。竺可桢引用了荀子的话："今是土之生五谷也，人善治之，则亩益数盆，一岁而再获之。"所谓"再获之"，就是田里的庄稼一岁两熟，这种现象如今只有在我国南方才可能发生。

秦和西汉，气候继续保持温暖。司马迁在《史记》中记载道："蜀汉江陵千树橘，陈夏千亩漆，齐鲁千亩桑麻，渭川千亩竹。"当时的黄河流域一带繁茂种植和成长着亚热带的植物橘、漆、竹、桑等。

到了东汉以至三国时期，气候又逐渐变冷。竺可桢指出："东汉时代即公元之初，我国天气有趋于寒冷的趋势。冬天气候严寒，晚春时节，国都洛阳还降霜降雪，冻死了不少穷苦百姓。"他引用了《三国志·魏书·文帝纪》中对于魏文帝曹丕在公元225年活动的记载："冬十月，行幸广陵故城，临江观兵……是岁太寒，水道冰，舟不得入江，乃引还。"广陵，即如今的江苏省扬州市，典型的江南气候，可是，当时的冬天却河道结冰，不能行船，曹丕只好返回。竺可桢根据司马光《资治通鉴》中晋咸帝咸康二年纪事指出，寒冷的气候直到公元4世纪前半期达到顶点。在公元366年，渤海湾从昌黎到营口连续三年全部冰冻，冰上可以来往车马及三四千人的军队。这一切足以证明当时的气候是很冷的，这种情况一直延续到西晋、东晋和南北朝，也就是公元6世纪末。

隋唐时代，中国的气候又变暖了。竺可桢引用了大量古代典籍、诗词以及有关当时物候的记述。

唐代的《梅妃传》中记载：唐玄宗李隆基的爱妃江采蘋十分喜爱梅花，她住的寝宫四周种了许多梅树。每当花期，这里花团锦簇，清香扑鼻。因此，她被称为"梅妃"。由此可见，梅树，这种适宜在南方栽种的观赏树木，当时在北方的长安（今西安）一带生长得十分繁茂。

可是，到了宋代，在长安、洛阳一带，人们却看不到梅花了。宋代大诗人苏东坡在他的一首咏杏花的诗中写道：

"关中幸无梅，汝强充鼎和。"

他的诗说的是，幸好关中一带没有梅花了，就用杏花你来充数也不会有人发现。

与苏东坡同时代的另一位大诗人王安石，曾在一首诗中嘲笑北方人到南方去，错把梅花当成杏花的事："北人初未识，浑作杏花看。"这些诗句都证明了这时期黄河流域已不见梅花，气候又开始变冷。

南宋时期，由于金人入侵，宋都城由开封迁往杭州，寒冷的气候仍在继续。竺可桢引用了《砚北杂志》上的记载论述道："这时期第一次记载江苏、浙江之间拥有 2250 平方公里面积的太湖，不但全部结冰，且冻得十分坚实，足可通车。"

方志时期，是我国历史中的明清时代，前后共历时 500 年左右。

竺可桢对于这个时期气候的研究，主要采用前人记载所提供的太湖、鄱阳湖、洞庭湖、汉水、淮河结冰年份的统计，以及东南沿海亚热带地区降雪落霜年的统计来分析这一历史时期气候的变化。

在分析研究的基础上，竺可桢得出结论："这在 500 年中我国的寒冷年数不是均等分布的，而是分组排列。……以 17 世纪为最冷，共 14 个严寒冬天；19 世纪次之，共有 10 个严寒冬天。"

竺可桢对这一时期气候研究的结论，在 20 世纪 80 年代，又一次被他的后继者的研究结果所证明。

运用古代典籍、史书及诗词中所载物候材料来进行古气候的研究，这是竺可桢的首创，同时，这也是一种十分有效的方法。但是，为了得到那些有价值的、禁得起验证的材料，竺可桢曾在卷帙浩繁的古代典籍文献资料中做了多少梳理和选择的工作啊！这种选择、整理，去粗取精、去伪存真的过程，更充分地表现了竺可桢在科学研究中坚忍不拔、严谨求是的精神。

一次，竺可桢查阅到唐代诗人钱起的一首诗，诗的题目是：《赠阙下裴舍人》。诗中写道："二月黄莺飞上林，春城紫禁晓阴阴。"诗中有时间，有地点，有黄莺鸟，这正是竺可桢所需要的有关古代物候的材料。

可是，再细细一推敲，竺可桢发现不对，诗中所说的唐代的二月，都城长安是不会有黄莺的。因为黄莺是一种候鸟，它们秋去春来,一般在仲春时节的四月才会在黄河流域的长安出现。

为了验证自己的分析,竺可桢又查阅了古代典籍《礼记》。在《礼记·月令》中,他找到了"仲春之月仓庚鸣"的记载。仓庚就是黄莺鸟,竺可桢果断地剔除了这类不真实的材料。

就这样,竺可桢年复一年坚持不懈地工作,如同沙里淘金一般,搜集、归纳、整理了大量有价值的材料。在此基础上,他写出了关于我国历代气候研究的重要著作——《中国近五千年来气候变迁的初步研究》。

1973 年,竺可桢 83 岁了。这一年,他的《中国近五千年来气候变迁的初步研究》几经修改,披阅数载,最后定稿。这是竺可桢近 50 年辛勤劳动的一个总结,是他致力于毕生钟爱的气象研究、物候研究、古代气候研究所结出的硕果。50 年,在人类历史的长河中不过是短暂的一瞬,但对于竺可桢来说,则是他倾注着心血和汗水的大半生。

4. 未了的心愿

竺可桢在《中国近五千年来气候变迁的初步研究》中,系统地阐述了我国五千年来的气温变化,其中最重要的结论是:

在中国五千年历史中,最初两千年黄河流域的年平均气温比现在要高出 2℃左右,冬季的平均温度要比现在高 3℃—5℃,

当时黄河流域的温度与现在的长江流域相似。这之后的三千年里,历代气温有一系列的冷暖波动。有时高,有时低,每次波动的周期为四百至八百年,平均温度变化范围为1℃—2℃。每个波动周期还可以分为五十年到一百年的小循环,温度变化范围为0.5℃—1℃。

中国历史上最低温度出现在公元前1000年(周初)、公元400年(东晋)、公元1200年(南宋)和公元1700年(清初)。汉唐两代则是比较温暖的时代。

竺可桢在论著中明确指出:

这种气候的周期性变迁是世界性的。

对于竺可桢研究古代气候所运用的方法和所得出的结论,有些人是持怀疑态度的。竺可桢希望能运用当时世界上最新的科研手段加以验证。

竺可桢从1965年出版的一本外国科技著作中了解到,位于北欧的丹麦,一位哥本哈根大学的物理学教授发现了一种新方法,可以测定古代的气候。

这种方法是:在丹麦北部的格陵兰岛,用钻机采集冰样。因为格陵兰岛的气候十分寒冷,积雪终年不化,岛上常年冰雪覆盖,这里地下厚厚的冰层是在几十年、几百年甚至几千年的岁月里一层层积淀而成的。用钻机取样,钻头不断下钻,冰样一点点被取出。根据取出的冰样,测定冰样的年代。然后,根据冰样里所含的氧分子中的同位素比例（气温每增加 1℃，冰样里氧 18 同位素就增加 0.69‰）。据此进一步测定出冰样冻结时的气温。

这是一种运用现代高科技手段的新方法，这种方法的运用同样可以检验竺可桢关于古代气候研究的结果。竺可桢十分高兴地记下了这本书，并细心地作了索引。他一期不落地认真阅读外文科技期刊，像一个盼望着收成结果的农民一样，盼望着遥远的格陵兰岛的测定结果。

"文化大革命"运动打乱了一切正常的秩序，竺可桢自己订阅的几种外文科技杂志被"造反派"强行取消。阅读外文科技杂志，是竺可桢几十年养成的习惯。他的日记中，记录了许多他从外文科技杂志上看到的最新科技成果、国外同行的科研动向及信息。这不仅是他科研工作的需要，而且成了他生活中不可缺少的部分。

于是，竺可桢只好到中科院情报所去阅读这些期刊。每次，他都要挤着乘公共汽车上上下下几趟，才能读到他心爱的期刊。"文革"中，即使在科学院，借阅外文科技期刊的人也寥若晨星，只有这位白发苍苍的中国科学院副院长，中国气象学界的泰斗，拖着病弱的身躯，克服种种困难，定期来到这里，如获至宝地捧读这些无人借阅的外文期刊。

终于，竺可桢从这些期刊上，看到了他期待已久的古气候测定结果。

1969 年,英国《自然》杂志第 17 期,刊登了用哥本哈根大学教授的测定方法所测定的格陵兰岛近 1700 年来的气温升降图。

1972 年,美国的《科学》杂志第 25 期,刊登了格陵兰岛近三千年来的气温升降图。

竺可桢把自己研究的中国历代气候变迁的周期,绘制成了表示气温高低的曲线图。当他把这张标示着几千年来中国历代气温的曲线图和来自格陵兰岛的气温升降图放在一起比较时,竺可桢惊喜地发现,两条曲线的波动几乎是一致的:

公元 4 世纪(西晋到东晋时期),中国的气候比较寒冷,而格陵兰岛那时期的气温也很低。

唐代的中国,气候比较温暖,而格陵兰岛在那时期也较温暖。

南宋和明末清初,都是中国历史上的低气温时期,而格陵兰岛在那两个时期也先后出现了降温的情形。

…………

《中国近五千年来气候变迁的初步研究》既运用了大量中国古代的文献典籍,又运用了现代科学的最新研究成果,博大精深,立论严谨。竺可桢的论著积 50 年的研究,得出了历史气候变化定量分析的结论,这样的研究成果在国际气象学界也是罕见的。

论著发表后,受到了国内外科学界的重视。许多国家的自然科学杂志转载了竺可桢的著述,并配发了评论。

日本气候学家吉野正敏说:

在气候学研究的历史中,竺可桢起到了巨大的作用。他有关古代气候研究的论著,走在了世界的前面。

英国的《自然周刊》评论道:

竺可桢的论点是特别有说服力的,他的论著着重阐述了历史上气候变迁的经过。西方的气候研究学者无疑将为得到这篇综合性研究文章而感到十分高兴。

竺可桢的论著在国外被翻译成 11 种文字出版发行。

1973 年 5 月 27 日,周恩来总理在人民大会堂会见美国科学家代表团。竺可桢参加了会见。

这一天,北京的天气格外晴朗,花儿在庭院里静静地怒放,燕子在碧空里往来穿梭。美国客人到来之前,周总理和竺可桢亲切交谈起来。

那一时期,全世界气候异常现象增多,引起了各国科学家的广泛关注。国际上流行着一些悲观的论点,认为"世界将进入小冰河期""人类将面临一个缺粮的时代"。而竺可桢的研究成果则表明,地球上气温的变迁是自古就有的,是周期性的,所以是正常的。

周总理高兴地对竺可桢说:

"你写的《中国近五千年来气候变迁的初步研究》我看到了。祝贺你取得的成果，你的成果在国际上受到欢迎，为中国科技界争了光。"

周总理工作十分繁忙，还抽时间看自己的专业著述，竺可桢为周总理对科技工作的关切所感动，也为总理的祝贺而欣慰，他轻声地说："也有一些意见，说是厚古薄今。"

周总理有力地挥了一下手说："什么厚古薄今，这是古为今用嘛！不能沾了点儿古就说是厚古薄今。今是从古演变过来的。充分认识历史上气候变迁情况，掌握气候变迁规律，对于气候的长期预报是很有用处的。"

竺可桢接着说：

"我尽了毕生之力研究，写了这篇文章。但是，说明的问题无几，而引起的问题却不少。"

谈到问题，周总理十分感兴趣地提道：

"最近世界上关于气候变迁有不少讨论，特别是谈到小冰河期的问题很多，你们对此应当写出相应的文章。"

会见了美国客人以后，周总理并没有马上离去，他又接着刚才的话题同竺可桢交谈起来。

周总理问竺可桢：

"你今年多大岁数了？"

"我今年83岁了。"竺可桢说。

"现在到 21 世纪还有四分之一的时间。"周总理笑道,"郭老再有 19 年才 100 岁,你再有 17 年才 100 岁。章士钊先生写书写到 92 岁,你还可以写出不少书来。"

竺可桢笑着答应了总理的期待:

"我写书也写到 92 岁吧!"

第二天,竺可桢召集科学院有关人员到他家里来,给他们传达了周总理对科学家们的希望和对气候变迁问题进行更深入研究的要求,并商量决定以此为题召开个座谈会。

几天后,座谈会如期召开。可是,竺可桢的肺气肿转成了肺心病,他的身体极度虚弱,呼吸都很吃力。但他强撑着抱病出席了座谈会,在会上勉强支持了两小时,回到家里就倒在了床上。

竺可桢心里清楚地知道,对于气候变迁的研究,还有很多工作要做。他对自己的一个学生谈道:"《中国近五千年来气候变迁的初步研究》中,只谈了历史上气候如何变迁,而没有涉及历史上的气候为什么会变迁。只谈了 How(怎样),而没有谈 Why(为什么)。"

竺可桢对学生谈起了自己的想法和夙愿。使他深感痛苦的是,他的身体已不允许他继续这项自己所热爱和熟悉的科学研究了。他热切地希望自己的学生能做好这方面的工作,他嘱咐学生说:

"你把这方面的工作继续下去吧!"

因为,这是他的心愿。

5.科普事业的拓荒者

1973 年 10 月,竺可桢住在北京医院。北京的秋天是一年
中最好的季节,隔着病房的玻璃窗向外望去,秋日的晴空一碧如
洗,辽远的天际,一排排南归的雁行掠过长空,雁叫声声激起了
竺可桢无限的遐思。

科学院不时有人来看望病中的竺可桢。地理研究所的代表
来医院时,给竺可桢带来了他盼望已久的修订后再版的《物候
学》。

《物候学》出版发行于 1963 年,它是竺可桢与学生宛敏渭
合著的科普杰作。

这本书出版后,受到了广大读者的欢迎和好评,新书很快销
售一空,被出版界称之为"既是一部物候研究方面的开拓性著
作,又是一部富有实践价值的普及读物"。出版社决定再版后,
竺可桢结合相关领域最新的研究成果,又增写了"一年中生物
物候推移的原动力"以及"物候学与防止环境污染及三废利用"
等章节。

捧着新版的《物候学》,竺可桢斜倚在病床上一页页轻轻地
翻看,久病而显得苍白憔悴的面容难得地透出了红晕。

竺可桢自己也十分喜欢这本著作。不仅因为这是他和宛敏渭多年合作心血的结晶，不仅因为它受到了许多读者的好评和喜爱，还因为这部著作体现了竺可桢多年以来从事科普创作的一贯追求：既向广大读者传播科学知识，又切合人民群众的生产生活实际，好读实用。

书第一次出版后，竺可桢就收到许多来自山西、四川、广西、河南、江苏、陕西、辽宁等地读者的来信。信中有的要求购书，有的反映问题，有的提出意见和建议。这些读者来信给了竺可桢极大的鼓舞，正是在此基础上，竺可桢对《物候学》进行了修订。

竺可桢在这一天的日记里写下了自己的喜悦心情："……捧着修订后再版的《物候学》，内心的喜悦无以言表，仿佛见到了自己久别的孩子……"

《物候学》这部著作在竺可桢去世后又多次再版，而且在港澳和海外发行。1986 年获得了全国优秀科普读物的最高奖。

授予这部著作科普读物最高奖，是因为这部作品集中体现了竺可桢科普作品的突出特点：题材来自实际，材料来自科研，内容充实严谨，文字通俗生动，富有文学色彩。

竺可桢是我国科普事业的开拓者和领路人。从他把从事科学研究当作自己毕生事业的青年时代起，他就开始了向广大人民群众和青少年进行科学普及的工作。

竺可桢说："为什么需要更多人知道科学呢？近代科学的

进步如此迅速，已经使门外汉高深莫测，望洋兴叹。唯其如此，人民大众尤其不能不具有科学常识。如卫生常识、电气常识等等，对于宇宙的常识，也应该人人具有。"

竺可桢一生写了很多科普文章，内容涉及地理、气象、气候、物候、科学史、农业、海洋、医药卫生、航空、天文及自然的保护和改造。竺可桢锲而不舍，向愚昧无知宣战，孜孜不倦地宣传介绍科学知识，为此而殚精竭虑。

1926年，湖广大旱，农田荒芜，民不聊生。而那些政府官员却忙着在公署衙门里大设祭坛，向龙王祈雨。竺可桢当时在上海，看到这些情形，忧愤交加，撰写了《论祈雨禁屠与旱灾》，文章发表在《东方杂志》上。

文章开门见山地写道：本年（1926年）自入春以来，长江、黄河的下游，以及东北沿海一带，雨量极其稀少。各省政府当局纷纷把向老天爷求雨、要求百姓禁止屠宰牲畜家禽作为当前抗旱救灾的唯一办法。

这样的愚民政策，若是在欧美各国，必定会被国民所不齿，为舆论所不容。而在我国，却司空见惯。如今是科学昌明的时代，这样愚弄人民，对外令别国耻笑，对内则使广大国民更不知道自己应该做些什么。所以，确实有必要使广大民众了解旱灾的由来及其对付灾害的方法。对待旱涝灾害，唯一切实可行的方法是防患于未然。保护森林，种植草木，兴修水利，广设气象台站。

竺可桢以他渊博的科学知识,论述了雨的形成及变化规律,介绍了温度、气压、洋流以及太阳黑子与日光辐射对气候的影响。说明旱灾的形成是各种气候条件综合作用的结果,不了解这些,而只是一味盲目地祈雨,是多么愚昧无知、误国误民啊!

竺可桢这篇写于 20 年代的文章,不仅向广大人民群众普及了有关旱涝灾害形成的科学知识,而且对统治阶级的愚昧顽固进行了毫不留情的批判。

1933 年发表在《国风》半月刊上的《说云》,是竺可桢著名的科普佳作。

《说云》全文不到 4000 字,从云的形成,云的类型,云与雨的关系以及云之美这四个方面清晰透辟地介绍了气象学中有关云的知识。其中还包括对全球雨量状况,干旱形成的原因,云量与日照的关系的介绍。文章科学信息的容量很大。

这篇文章行文十分优美,富有诗意,堪称科普作品中的"美文"。

在"云的类型"一段中,竺可桢用简约而生动形象的语言介绍了卷云、积云和层云这三种常见的云。他写道:

"卷云极细极薄,若薄幕,若马尾,或若丝之纤维……每现之于风暴之先。

"积云……有如重楼叠阁者,有如菌伞凌虚者,又如群峰环列者,谚云'夏日多奇峰',即谓此也。

"层云作片状,近地者即谓之雾,现于朝暮之际,冬日较多,但鲜有降雨者,登高山见云海,殆皆是类云也。"

在"云之美"一段中,竺可桢用诗人般的语言,赞美了云雾的美丽,赞美了大自然的神奇:"'山中何所有,岭上多白云,只可自怡悦,不堪持赠君。'……地球上之纯粹美丽也者唯云雾而已。他若禽鸟花卉之美者,人欲得而饲养之、栽培之,甚至欲悬之于衣襟,囚之于樊笼。山水之美者,人欲建屋其中而享受之;玉石之美者,人欲价购而以储之;若西施、王嫱之美,人则欲得之以藏娇于金屋……至于云雾之美者,人鲜欲据之为己有……且云霞之美,无论贫、富、智、愚、贤、不肖,均可赏览。地无分南北,时无论冬夏,举目四望,常可见似曾相识之白云,冉冉而来,其形其色,岂特朝暮不同,抑且顷刻千变。其来也,不需一文之值,其去也,虽万金之巨、帝王之威,莫能稍留。"

竺可桢在这里,不仅仅是在写云,不仅仅是在写神奇的自然景观,他分明是在抒写一个科学家自由而广阔的精神世界,分明是在倾诉他对自己所钟爱的气象事业一往情深的痴迷。

新中国成立后,竺可桢身兼科学院各部门 20 多个领导职务,同时还坚持科学研究,他的繁忙可想而知。即使在这样繁忙的日子里,竺可桢仍把写作科普作品当作自己义不容辞的责任。而且,他在这时期科普创作的数量和质量也超过了以往的任何时期。他先后发表和未来得及发表的科普作品有 60 余篇。其中,写于 60 年代的《向沙漠进军》,是他这时期优秀科普作品中的代表作。

《向沙漠进军》是竺可桢为新中国青少年撰写的科普作品《变沙漠为绿洲》中的一节。

这篇作品用生动简洁的语言,科学而准确地说明了"沙漠是人类最顽强的自然敌人之一。它埋没我们的园地,掩盖我们的屋宇,摧毁我们的森林。沙漠进攻的战线开展得非常广泛,合起来可达地球上全部大陆面积的十分之一。所以人类对沙漠的战争是一场具有世界意义的战争"。

接着,他列举了古今中外的实例,说明沙漠的形成是由于滥砍滥伐、放火烧山、人类战争等原因。"风沙吹起,尘埃蔽天,白昼变黑夜,人烟萧条",触目惊心的描写使人深感征服沙漠的迫切和必要。

接着,竺可桢形象地说明沙漠向人类进攻的武器是风与沙。人们在对付它的时候,要以水为武器,以种植草地和培护森林为盾牌。

竺可桢还以自己亲身考察沙漠时的经历为例,科学地阐释了鸣沙声音的形成以及海市蜃楼的成因。

文章最后介绍了新中国成立 10 年来我国西部六省治沙所取得的经验和成绩,启发人们利用沙漠的巨大风力和强烈的日光为人类造福。

《向沙漠进军》至今仍是中学语文教材中的范文,一代又一代青少年从这里开始记住了竺可桢这个名字。

在北京动物园对面,有一座天文馆。这是我国很长时间里唯一的、设备先进的普及天文知识的场所。千千万万中国人在这里接受了关于天文知识的启蒙教育,可有谁知道,为了筹建这个天文馆,竺可桢付出了多少心血!新中国成立伊始的50年代,是竺可桢首先倡议在北京修建天文馆。这个倡议得到有关方面的支持通过后,他参与了天文馆建设的始终。作为中德友好学会会长,他在访问民主德国期间,亲自为天文馆选购仪器设备,从天文馆的开馆到布展他都一一过问。

周口店北京猿人发掘遗址,在竺可桢的极力主张下,被开辟为永久性的人类历史展览馆。

竺可桢还是北京自然博物馆筹建委员会的委员,为了这个向广大人民群众及青少年普及自然科学知识的博物馆早一天建成及展出,竺可桢竭尽全力,默默地做了大量工作。

茫茫荒原,荆棘遍地,满目荒凉。是拓荒者烧荒的野火,映亮了寥廓的天宇。

竺可桢毕其一生的心血,在科学的原野上拓荒。他的身后,留下了他用科学知识耕耘过的土地,播下了文明和希望的种子。

6. 在最后的日子里

随着"文革"的延续,社会动乱进一步加剧。失去了保健和锻炼条件的竺可桢,健康状况一天不如一天。

他有时需要到位于三里河的中国科学院机关去处理事务。机关办公室在二楼,每次为了上这一层楼梯,竺可桢需要休息两三次,还会累出一头虚汗。

在家里阅读,一上午只能坚持一个半小时。他的呼吸机能日渐衰竭,呼吸能力只有普通人的七分之五,肺活量只及常人的三分之一,稍一活动,就气喘不已。他自嘲地说自己现在已经是"手无缚纸之力"了。

即使在这样的身体状况下,他仍以极大的毅力,尽可能地参加一些外事活动,以期广泛地联系更多的海外科学家。

当时,随着中美关系的解冻,两国关系日益正常化。一批又一批美籍华裔科学家在离开中国几十年后返回故里观光省亲。中美科学家之间又有了学术交流,这是竺可桢盼望已久的事情。

著名的物理学家杨振宁、李政道回来了,著名的数学家陈省身回来了,早年与竺可桢同船赴美的好朋友赵元任回来了。每次,竺可桢都是以中国科学院副院长和中国科协副主席的身份参加接待工作。尽管他的身体已十分衰弱,但他还是振作精神,全力以赴。

竺可桢特别关心那些他早年的故旧和学生，希望能更多地向他们介绍祖国科学事业的发展和需要，希望他们能为祖国的统一大业和科学事业的发展贡献力量。

毕竟，"文革"是中国历史的非正常时期。在那些浊浪排空、阴云密布的日子里，竺可桢坚贞刚直、明辨是非，显示了一个科学家实事求是的一贯品性和高尚人格。

一次，中国科学院"革命委员会"召开"两条路线斗争座谈会"，要求竺可桢参加。会上，一个发言人生拉硬扯，编造了许多理由，批判新中国成立以后中国科学院是修正主义黑线专了无产阶级的政。听到这些不顾事实的谎言，竺可桢的倔劲儿又上来了。此时他根本不顾忌个人的利害得失，义正词严地对那个人的发言进行了反驳。他一一列举新中国成立以来科学院在各个领域所取得的成就，然后以不容置疑的口气说："我认为，建国后科学院在两条路线斗争中始终是红线占主要地位。"

"大雪压青松，青松挺且直。"竺可桢在自己随时都有挨整被批的处境中，还竭尽所能去保护那些在运动中无辜受冲击的干部、知识分子免遭迫害。

当时，竺可桢每天都要接待和应付大量的来访来函外调。所谓"外调"，就是外出调查那些在运动中被揭发和清理出来的人的所谓"历史问题"。竺可桢当年曾大略地估计了一下，几年

下来他一共接待来自全国各地的外调人员达 500 多批,平均每年回复来函来人 200 多件次。他曾这样难过地叹息道:

"'文革'中,我做不了其他的事,这类事倒成了重要任务。"

话虽这样说,竺可桢也深知,他提供的材料,决定着被调查人的命运。所以,他从不理会那些外调人员给被调查人定下的调子和框框。每次面对一个外调人员或一封外调信函,他总是认真查阅自己过去日记中的记录,如实说明情况,再加以客观地分析。有一次,为了弄清楚一位故人的一件往事,光翻阅过去的日记他就用了两天的时间。

1973 年,在"清理阶级队伍"的高潮中,外调人员找到竺可桢家,声称要调查抗日战争时期曾经参加过"青年远征军"的浙大学生的历史问题。

尽管已经是 30 多年以前的事情,但竺可桢对当时的情形还记得清清楚楚。

那是在浙江大学西迁遵义以后,日本军队从广西攻打贵州,贵州告急。贵阳一旦失守,遵义、重庆也危在旦夕。

大学生们的血液在沸腾,国将不国,怎能安心读书?浙大的 92 位青年大学生为了抗日救国,毅然决然投笔从戎,参加了"青年远征军",奔赴抗日前线。当时担任浙大校长的竺可桢深为他们的热情和勇敢所感动,亲自为他们送行,并在当天的日记里一一记下了这 92 个学生的名字。

竺可桢找出了当年的日记，他激动地对外调人员说：

"这些学生当时都是些二十来岁的热血青年，谁都知道离开大学校园奔赴前线这一去就可能永远不能生还，但他们为了国家的利益宁愿献身。请你们设身处地地想一想，他们当初参加国民党的军队，究竟何罪之有？"

面对竺可桢入情入理的摆事实、讲道理，外调人员不得不悻悻而去。

在那些"横扫一切牛鬼蛇神"的日子里，竺可桢还牵挂着作家、翻译家叶君健，惦记着澄清叶君健挨整的所谓"历史问题"。

那是 1947 年的事情。

当时，竺可桢作为中国科学家的代表，前往英国参加联合国教科文组织的会议。那时，叶君健是留学英国的研究生，他被中国代表团聘请，担任大会期间中国代表团的英文翻译。而这段历史，就成了叶君健参加国民党组织活动的罪状。

新中国成立后，叶君健在外文出版局工作，每次一有运动，他的这段历史就要被抖搂一遍。"文革"中，他不但在政治上"靠边站"，而且还一次又一次地被批斗，要求他"交代历史问题""说清楚"。

面对外文出版局"造反派"喋喋不休的逼问，竺可桢严肃地驳斥他们道：

"叶君健是一个翻译，在当时的国际活动中做了积极有益的工作。我在当时是代表团正式成员,尚且不予追究,你们如此对待一个做普通工作的翻译,岂不缺乏政策依据?"

竺可桢的仗义执言,使那些"造反派"哑口无言。

诸如此类的事耗去了竺可桢大量的时间和精力。后来,他为了更快更方便地检索查阅,便把自己日记中所涉及的较重要的人和事加以分类,编成了供他自己检索的索引。

在那颠倒历史、是非莫辨的"文革"舞台上,不同的人演出了一幕幕悲喜剧、闹剧、丑剧。竺可桢虽然不可能洞察和了解这一切后面的内幕和实质,但他却以一个科学家崇尚真理的一贯品格,在"文革"中为自己正直的一生写下了无悔无愧的一笔。

1973年春夏之交,杨花飞絮,槐花飘香。竺可桢的肺心病又犯了,他又一次住进了医院。从未有过的衰竭感攫住了他,他感到生命的终点正在来临。

竺可桢在病床上思索着自己的人生。在历史的长河中,每个人的一生都不过是一瞬。人的生命是短暂的,而人所为之献身的事业则可以永恒。想到这些,竺可桢十分欣慰。他在给自己的老朋友、西北农学院教授辛树帜先生的信中写道:"我们应以达观为怀,有生必有死,这是科学的规律。……我们生逢其时,一生可以胜过古代千载,我们是多么幸运!"

生命最后的时日,竺可桢是在病床上度过的,他放心不下的,仍是自己为之奋斗了一生的事业。

一个从事气象科研的学生来看他,谈起了他的论著《中国近五千年来气候变迁的初步研究》。竺可桢吃力地摇着头说:"这只是初步研究,有很多工作还没有做……"

他期待自己的学生能继续这方面的研究工作。

他的日记伴随了他的一生,也伴随着他最后的日子。

这些日子的日记记载着:

1973 年 6 月 11 日

往年 5 月底就可以在北京城里听到布谷鸟叫,而今年却直到今天还未曾听到。可能是空气、土壤污染,造成大批候鸟死亡的缘故。

1973 年 6 月 23 日

吴世昌来信提到关于渤海完全结冰的一次记录,是我所不知道的。

这个记录在《资治通鉴》卷九五,晋成帝咸康二年(公元 336 年)。以后修改论文一定用上此材料。

1973 年 7 月 13 日

审阅《中国近五千年来气候变迁的初步研究》中译英文稿。

1973 年 12 月 31 日

苏联气象学界又在宣传全球气候变冷的消息,说列宁格勒近些年来比 1940 年前后低了 1 摄氏度。我在《中国近五千年来气候变迁的初步研究》中已指出,这类 1 摄氏度上下的变化,过去五千年中极为普遍,算不得地球变冷的证据。

…………

1974 年 1 月 23 日,是一年一度中国人民最重视的传统节日——春节。

竺可桢这一段时间病情比较稳定,精神也很好。从住进医院以后,他已经有半年没有回家了。医院根据竺可桢这一段的病情,同意了让竺可桢回家过年,与亲人团聚。

医生再三嘱咐他和夫人陈汲,必须十分注意保暖,千万不能感冒。

1 月 20 日,竺可桢回到了家里。

1 月 22 日,除夕夜。

回家团聚的孩子们吃过了年夜饭,因为怕竺可桢休息不好,早早便回到各自的住处。竺可桢安安静静地躺在床上,看陈汲悄无声息地忙里忙外,收拾家务。

"允敏。"竺可桢轻轻地叫了一声。

允敏是陈汲的字,平日里只有竺可桢这样称呼她。

"嗯。"陈汲端来一杯水,送到了竺可桢的床头。

"允敏,我身后有一件事要办。"

"什么事儿呀? 大过年的,以后再说不行吗?"陈汲连忙打岔。

竺可桢一脸严肃地说:

"这是一件很重要的事。我想好了,竺薪的那笔存款,在我走后,全部作为党费上交给党组织。"

原来,自从 1966 年 8 月以来,竺可桢主动要求把自己的工资削减三分之一,这要求上级党组织并没有同意。可从那以后,竺可桢就逐月把工资的三分之一拿出来,以竺薪的名义存入银行。7 年过去,这笔存款的数额已达一万一千余元。而在此期间,他们全家一直过着节俭的日子。

在竺可桢 1972 年 6 月 28 日的日记中,记录了这个月他家的收支情况:

竺可桢每月的工资是 352 元,这笔钱每月开支的时候拿出 136 元以竺薪的名义存入银行。用于家庭开支的钱实为 216 元。这个月家庭的伙食开支 115 元,各项零用及额外支出 294 元,共计支出 409 元,亏空达 193 元。

即使在入不敷出的情况下,存在竺薪名下的钱,也从没动用过一分。

竺可桢对陈汲说,对子女不可溺爱,要教育他们自强自立,绝不能让他们有依赖父母的心理。给子女留下多余的钱,等于给他们留下祸害。

在这个静悄悄的除夕夜,竺可桢郑重其事地对陈汲谈及这些。陈汲意识到他是在交代后事,强忍着眼泪答应了他。

1974 年 1 月 23 日,大年初一。

小院里仍很安静,远远地有鞭炮声和孩子们的玩笑声。

陈汲谢绝了一切来访求见的客人,只让竺可桢的外孙女婿、高能物理学家汪容进到竺可桢的房间。

竺可桢的呼吸很吃力,说话的声音很低。他向汪容了解高能物理研究领域中有关粒子和层子模型的一些问题,他还问及国际理论物理研究的前沿课题。

汪容一一回答了竺可桢的问题。

每当谈及这些话题,竺可桢的神情就特别专注。陈汲注意到,这时候,竺可桢的眼神里有一种她所熟悉的神采,那是智慧的神采,是科学之光照耀下的幸福神采。

1 月 24 日,大年初二。

竺可桢低烧并发肺炎,重新住进了北京医院。

1974 年 2 月 6 日,竺可桢病危。

病危中的竺可桢用颤抖的手写下了一生中最后一页日记：

　　1974 年 2 月 6 日，气温最高零下 1℃，最低零下 7℃。
东风一至二级，晴转多云。

吃力地写下了这些以后，他又提起笔来，在旁边注上了"局
报"两个字。

竺可桢完成了一个气象学家的最后一件事，仿佛完成了一
件心事，深深地呼出一口长气。

在这一生中，每天日记上记录的气温，都是竺可桢亲自到室
外用温度表测定，这是竺可桢从青年时期就养成的习惯。而这
生命中的最后一次，他却只能按照广播里气象局的天气预报记
录了。所以，他要特意注明"局报"。

在竺可桢生命的最后一页，他以一个科学家、气象学家一以
贯之的严谨认真的态度，留下了传神的一笔。

1974 年 2 月 7 日凌晨 4 时 35 分，竺可桢停止了呼吸。

中国当代一颗明亮的科学之星陨落了。

1984 年，是竺可桢逝世 10 周年的日子。

华夏大地，改革开放带来了经济的腾飞和科学的昌明。在
"尊重知识，尊重人才"蔚然成风的时代，人们格外怀念生于动

乱年代、死于忧患年代的竺可桢。

为纪念这位中国现当代杰出的科学家和教育家、地理学和气象学的一代宗师,中国科学院在北京举行了竺可桢逝世10周年纪念会,并设立了"竺可桢野外科学工作奖"。竺可桢工作和生活多年的南京市成立了竺可桢研究会,研究会发表了许多论文。

1987年4月1日,是浙江大学建校90周年纪念日,海内外数以千计事业有成的校友相聚在浙大。

这一天,一座高达2.9米的竺可桢全身铜像在浙大校园揭幕。

阳光下,草坪上,竺可桢谦和地微笑着面对从海内外赶来参加揭幕仪式的浙大校友。其中,有许多曾经是他的学生,他们中的许多人已经成为国内外著名的专家、学者。无论身在何处,他们都不会忘记在那些艰难的岁月里,竺可桢对他们的教诲。浙大的"求是"精神已经化作了巨大而无形的精神财富,引导着他们的漫漫人生。

竺可桢微笑着面对浙大校园里年轻的莘莘学子,那些青春的面容,飘动的黑发,年轻的身影,是振兴中华民族科技文化的希望所在,是他永远也看不够的最美丽的风景。

竺可桢谦和地笑着,那笑容中有一种圣洁的光辉,令千千万万后人在这里驻足，令千千万万后学"高山仰止，景行行止。虽不能至，然心向往之"。